Ingrid Biermann

Spielen mit Krippenkindern

Kreative Impulse für den Alltag

HERDER

FREIBURG · BASEL · WIEN

Im Interesse der besseren Lesbarkeit und weil Frauen in frühpädagogischen Berufen prozentual stärker vertreten sind als Männer, wird in diesem Buch stets die Leserin angesprochen und auch meist die weibliche Form verwendet, wenn von pädagogischen Fachkräften die Rede ist. Selbstverständlich sind damit aber immer Leser und Leserinnen bzw. männliche und weibliche Fachkräfte gleichermaßen gemeint.

MIX
Paper from responsible sources
FSC® C010798
FSC www.fsc.org

www.herder.de

Umschlaggestaltung: SchwarzwaldMädel, Simonswald
Umschlagfoto: Verena Vollmer, Erwitte
Fotos im Innenteil: Verena Vollmer, Erwitte

Layout, Satz und Gestaltung: Arnold & Domnick, Leipzig
Herstellung: Graspo CZ, Zlín
Printed in the Czech Republic

ISBN: 978-3-451-32499-4

Inhalt

Vorwort

Der Mensch ist immer lernbereit und mithilfe seiner Sinne macht er sich die Welt, d. h. alles was er sieht, hört, fühlt, riecht und schmeckt, über das Selbsterleben begreifbar. Von dem Hirnforscher Manfred Spitzer stammt der Satz: „Das Gehirn lernt immer." Beobachtet man ein Kleinkind, so kann festgestellt werden, dass es über verschiedene Wege seine Erfahrungen macht. Durch genaue Beobachtung, Zufall, Wiederholung, Experimentieren, aber auch durch das Vorbild verdichtet es seine Erkenntnisse und kommt so zum Handeln, Spielen und letztendlich zum Begreifen und Lernen.

Ein Kind benötigt zunächst viel Zeit, in der es sich mit Dingen auseinandersetzen kann, und Impulse, mit denen es sich allein oder mit Unterstützung des Erwachsenen ausdauernd beschäftigt.
Es braucht interessante Materialien zum Spielen und das sind Dinge, die im Leben des Kindes an vielen Stellen wieder entdeckt werden können. Es sind Materialien, die veränderbar sind, die etwas mit der realen Welt zu tun haben, die in der Umgebung des Kindes und in dessen Alltag zu finden sind, mit denen es voller Freude experimentieren kann. Die Entscheidung, wie und womit gespielt oder gearbeitet wird, trifft das Kind selbst. Sein innerer Drang, seine Neugierde und seine Entde-

ckungslust entscheiden dann über den Verlauf des Spiels, also auch über das Ergebnis. Ein wichtiges Ziel ist also die Freiwilligkeit. Wird ein Kind zu einem Spiel überredet, ist kein innerer Drang und keine Neugierde vorhanden, dann entwickelt sich nicht die Freude, die Ausdauer und die Konzentration, die einen für das Kind zufriedenstellenden Spielablauf unterstützen.

Damit sich ein Spielprozess entwickeln kann, benötigt das Kind weiterhin eine Umgebung, in der das Kind im Einklang mit sich ruhig und ungestört spielen und lernen kann. In der es eine Struktur findet, in der es allein, aber auch in der Gemeinschaft ganz eigene Erfahrungen machen kann. Eine Umgebung, in der das Kind durch die äußere Ordnung zur Ruhe kommen, in der es sich finden, sich fühlen und erleben kann. Ohne diese verlässliche Umgebung ist ungestörtes, lustvolles Erleben und somit Lernen nicht möglich. Also ist Spiel nicht nur eine Beschäftigung, sondern die Zeit, in der das Kind wichtige Erfahrungen macht. Die Spielerfahrungen im frühen Kindesalter beeinflussen die Schulfähigkeit eines Kindes und somit seine Lernfreude und Lernfähigkeit und nehmen Einfluss auf seinen beruflichen Werdegang.

Um Erfahrungen aus seinem Spiel schöpfen zu können, verlässt sich das Kind auf seine angeborenen Sinne. Einzelne vielfältige, jedoch gut dosierte sinnliche Erfahrungen fügt es in seinem Tempo und auf seine Weise zu einem verständlichen Ganzen zusammen. Das Kind sammelt bei allem, was es allein oder unter Anleitung selbst tut, Erfahrungen in den Bereichen Sprache, Bewegung, Musik, Naturwissenschaft und Ästhetik. Es festigt sich in seiner sozial-emotionalen Persönlichkeit und ist immer mehr in der Lage, vom Spielen mit sich selbst zum Spielen in der Gemeinschaft zu kommen.

Ein Kinderkrippentag sollte daher von der Erzieherin oder Frühpädagogin so gestaltet sein, dass dem Spiel viel Beachtung geschenkt werden kann. Sinnvolle Alltagsmaterialien zum Spielen für drinnen und draußen, aber auch anregende Impulse wie Fingerspiele, Bewegungsspiele und Lieder sollten der Spielerwartung des Krippenkindes entsprechen. Die Erzieherin muss die Spielbedürfnisse und die Mitspielbereitschaft jedes einzelnen Kindes erkennen und bemüht sein, diese zu erfüllen. Sie selbst ist das Vorbild für das Spielverhalten des Kindes. Ist sie spielaktiv, so wird es auch das Kind.

Alles, was das Kind schon im Alter von 0–3 Jahren in Eigenständigkeit erlebt, ist somit ausschlaggebend für die Entwicklung seiner Intelligenz und Handlungsfähigkeit. Verantwortungsvoll mit diesem Wissen umzugehen, zeichnet die Qualität der Erzieherin und Frühpädagogin aus. Mit ihrer pädagogischen Haltung und unterstützenden Impulsen sorgt sie dafür, dass die Krippenzeit für das Kind zu einer Erfahrungs- und Wachstumszeit wird, in der es verlässlich Spielen und Lernen kann. Die in diesem Buch vorgeschlagenen Ideen unterstützen diese pädagogische Haltung und verantwortungsvolle Aufgabe und machen das Lernen zu einem Spiel mit fließenden Vernetzungen und besonders intensiven Erkenntnissen.

Theoretische Grundlagen und Erläuterungen

1. Die Spielentwicklung des Kleinkindes

Spielen ist mehr als nur Zeitvertreib, es ist eines der wichtigsten Zutaten für die gesunde Entwicklung des Kindes. Über das Spiel nimmt das Kind Kontakt mit der Umgebung auf. Es setzt sich mit Dingen, Materialien, Handlungen und Abläufen auseinander. Durch das Spiel macht das Kind wichtige soziale, kognitive, sprachliche, motorische und emotionale Erfahrungen und setzt sich mit seiner Welt auseinander.

Im Spiel ist das Kind ganz bei sich. Es übt sich in seiner Konzentration, in seiner Fähigkeit, etwas zu beobachten und sich zu merken, in seiner Geduld und Ausdauer und vor allem in seiner Freude am Tun.

Ein wichtiges Merkmal für das Spielen ist die Freude und die Freiwilligkeit. Das Spiel des Kindes ist immer lustbetont und dieses zeigt es in seiner Mimik und Gestik. Spiele, die ihm gefallen, will es immer wieder spielen und es bekommt davon nie genug. Die beliebtesten Spielmaterialien sind lebensbezogen, d.h. alles, was

die Umgebung bietet, wird zum Spielzeug und formt den Spielverlauf. So werden Dosen, Knöpfe, Schraubverschlüsse, Steine und Blätter zu Materialien, mit denen sich das Kind sehr intensiv und ausdauernd beschäftigen kann und das altbekannte „Fähnchen auf dem Turme" wird auch bei mehrmaliger Wiederholung nicht uninteressant. Um sich in das Spiel zu vertiefen, benötigt das Kind eine sehr übersichtliche Spielwelt, die es ihm ermöglicht, lange und ausdauernde Erfahrungen zu machen. Es braucht eine vertraute Bezugsperson, die ihm Zeit zum Spielen zugesteht, präsent bleibt und nicht bestimmt, was, wie, wann und wo gespielt werden darf. Es bedarf einer Bezugsperson, die durch Beobachtung erkennt, welcher Anreiz zur Unterstützung der Spielfreude wann gegeben werden muss.

Im Spiel verarbeitet das Kind das, was es durch Beobachtung gesehen oder gehört hat. Es ahmt nach und befindet sich so sehr schnell zwischen Fantasie und Wirklichkeit. Je mehr Erfahrungen das Kind über das Spiel gemacht hat, umso sicherer werden später die Entscheidungen und Handlungen des Kindes. Ein Kind, das viel gespielt hat, hat auch viel gelernt und kann dieses später für sich nutzen.

Gerade im Alter von 0–3 Jahren geht das Spiel des Kindes seinen eigenen Weg. Spielabläufe werden in erster Linie selbst gestaltet. Regeln müssen daher leicht nachvollziehbar sein und können nur als Handreichung angesehen werden. Was daraus wird, bestimmt das Kind. Darum ist das Spiel zunächst nicht ergebnisorientiert, es spielt und spielt mit aus Freude.

Das Spielangebot, die Umgebung, die zur Verfügung gestellte Spielzeit und das eigene Tempo in der kindlichen Entwicklung beeinflussen das Spielinteresse, den Spielverlauf, die Spieldauer, das Spielergebnis und die Konzentrations- und somit Begeisterungsfähigkeit des Kindes.

Eine Altersangabe bei Spielen und Impulsen kann den Spielpartner des Kindes einschränken und verwirren, daher wurde in diesem Buch darauf verzichtet. In einer altersgemischten Gruppe werden Kinder unterschiedlichen Alters zum Mitmachen eingeladen. Ihnen sollte jedoch immer die Möglichkeit zum Aussteigen und Zuschauen gegeben werden. Die Kinder entscheiden selbst, wann sie aus der aktiven in die passive Rolle gehen und von außen das Spielgeschehen weiterverfolgen.

In den ersten drei Monaten beschäftigt sich das Kind mit sich und der Entdeckung seines Körpers. Ihn zu erforschen, d. h. kräftig zu strampeln, den Kopf zu drehen und den Greifreflex auszuprobieren, nimmt sehr viel Zeit in Anspruch. Dann beginnt es, mit der Stimme zu spielen und aus seiner Spucke Blasen zu machen, zu lachen oder auch schon zu schnalzen.

Zwischen dem 4. und 6. Monat sammelt es mit allen Sinnen Materialerfahrungen. Es kann Gegenstände in die Hand und somit in den Mund nehmen und lacht, wenn es rhythmische Wortspielereien hört.

Zwischen dem 7. und 9. Monat beginnt das Kind, krabbelnd die Welt zu erforschen. Es entdeckt, dass es ein Hinauf und Hinunter gibt, es spielt gerne Handspiele wie z. B. „Wie das Fähnchen auf dem Turme" und versucht, schon etwas nachzuspielen oder nachzusprechen. Es interessiert sich für vielfältiges Spielmaterial und erforscht es mit allen Sinnen. Es erkundet durch Ausprobieren, Zusammenfügen oder Trennen Eigenarten und Beschaffenheit von Gegenständen.

Zwischen dem 10. und 12. Monat wird das Kind immer mobiler und begeistert sich für kleine gemeinsame Sing- und Bewegungsspiele. Dabei setzt es auch gerne andere Bewegungsarten ein wie Krabbeln, Robben und Laufen. Es erfreut sich an kleinen Texten und interessanten Materialien, die es mit seinen Fingern erforschen kann: Papier zerreißen, unterschiedliche Stoffe oder reizfreien Rasierschaum zwischen den Fingern spüren. Es fordert immer wieder die Wiederholung, aber auch Variationen sind erlaubt.

Zwischen dem 12. und 15. Monat kann es schon Bewegungsaufforderungen wie gehen, stehen, krabbeln oder in die Hocke gehen verstehen und umsetzen. Es kann gut beobachten und ahmt gerne nach. Es hört, interessiert durch die veränderte Stimmlage, einem vorgesungenen Lied oder Text aufmerksam zu und zeigt seine Freude durch seinen eigenen Versuch. Mit etwa 12 Monaten beginnt es, andere Kinder zu beobachten und nachzuahmen. Durch das Parallelspiel nähert sich das Kind dem ersten gemeinsamen Spiel an.

Zwischen dem 15. und 18. Monat kann es vorwärts und rückwärts gehen, laufen und klettern. Es erfährt durch Versuch und Irrtum, ob etwas passt oder nicht. Es kann sich rhythmisch zu einer Melodie bewegen und hat Freude an einfachen Liedern und Reimen. Es zeigt große Begeisterung an Fingerspielen und an kurzen und verständlichen Mitmachgeschichten, in denen die Handlungen überschaubar und nachvollziehbar sind.

Zwischen 1,5 und 2 Jahren kann das Kind auf beiden Beinen hüpfen. Nun kommen Symbolspiele (Nachahmungsspiele) zum Tragen. Das So-tun-als-ob bestimmt den Spielablauf. Diese Symbolspiele werden meist bis ins Schulalter gespielt. Es nimmt Farben und Formen wahr. Sein passiver Wortschatz ist größer als sein aktiver, d.h. es kann mehr verstehen, als es spricht. Es ist sehr interessiert und will alles mit-, nachspielen und nachsprechen. Das Kind beginnt, Beziehungen zu gleichaltrigen Kindern zu knüpfen.

Zwischen 2 und 2,5 Jahren kann das Kind einen Ball rollen und fangen. Es kann Größen unterscheiden, sich an Anweisungen halten, sich Dinge merken und sich auch teilweise daran erinnern. Seine Freude an gemeinsamen Spielaktivitäten nimmt zu. Es kann Dreirad fahren, Inhalte umfüllen, kann Gefäße zuschrauben und die Treppe hoch und runter gehen. Es hört aufmerksam zu und versucht sich zu beteiligen.

Zwischen 2,5 und 3 Jahren knüpft es engere Kontakte, kann in einer Gemeinschaft singen, spielen und dadurch gemeinsame Erlebnisse schaffen. Es ahmt immer mehr nach, wird selbstständiger und sicherer in seinen Handlungen und Bewegungen. Es kann Aufforderungen folgen, sein Spiel der Gemeinschaft anpassen und ist in der Lage, seine Spieldauer zu verlängern. Seine Neugierde wächst und somit gestaltet sich auch sein Spiel- und Mitspielinteresse. Lieder, Reime, Verse und Mitmachgeschichten werden immer besser verstanden und mitgemacht. Seine Spielmotivation und seine sinnlichen Erfahrungen werden komplexer. Das Kind zeigt immer mehr Freude und Ausdauer am freien Spiel und am Mitspielen in einem Stuhlkreis.

2. Die Bedeutung des Freispiels

Die wichtigste Zeit, in der ein Kind sich entdecken kann, in der es seine Stärken und Vorlieben, seine Interessen erfahren kann, in der es ganz eigene Körper-, Sozial- und Materialerfahrungen machen kann, ist die Zeit des freien Spiels.
Gerade für Kinder von 0–3 Jahren hat das Freispiel eine hohe Bedeutung. Die Kinder können ankommen, verweilen, selbst ausprobieren, beobachten und sich entfalten. Diese Zeit darf ihnen daher nicht durch vermeintlich pädagogisch wertvolle und wichtige Programme genommen oder verkürzt werden.
Der „Bildungswahn", der sich leider in vielen Einrichtungen verbreitet hat, verhindert den Zugang der Kinder zu wichtigen Freispielerfahrungen, in denen sie über Bewegen, Malen, Singen und Sprechen elementare Kenntnisse gewinnen. Das Bedürfnis nach dem freien Spiel ist mit dem Bedürfnis nach Bewegung, Sprache, Musik und Kreativität verbunden und kann durch anregende Spielimpulse unterstützt werden.

Ein gemeinsames Angebot vor oder auch nach der Freispielzeit mit kurzen Geschichten, Fingerspielen, Reimen oder mit kleinen Bildungs- und Erfahrungsreisen vertieft die Aktivität des Freispiels und bietet dem Kind neue Herausforderungen. Durch diese Angebote kann sich die Erzieherin als Mitspielerin in das Spiel des Kindes integrieren, wenn sie aus der Beobachtung heraus erfolgen und sich an den Interessen der Kinder orientieren. Die in einer Freispielsituation von der Erzieherin eingebrachten Mitmachimpulse schaffen gemeinsame Erlebnisse zwischen Erzieherin und Kind sowie zwischen den Kindern untereinander. Jeder Impuls sollte auch in der Freispielzeit zugänglich bleiben. Eine Bewegungslandschaft, die für eine Bewegungsgeschichte aufgebaut wurde, sollte auch im Freispiel für die Kinder zugänglich sein.

Ein Körperwahrnehmungsspiel beim Wickeln, eine Bewegungsgeschichte im Spielkreis, ein Lied vor dem Schlafengehen oder ein Mitmachspiel vor dem Nachhausegehen ist erst dann sinnvoll, wenn die Situation es erfordert und zulässt, d. h. wenn ein Kind oder die Gruppe danach verlangt. Die Erzieherin kann durch achtsame Beobachtung des einzelnen Kindes oder der Gruppe ein Gespür dafür entwickeln, wann welcher Impuls die Spielentwicklung unterstützt oder kleinere Spielblockaden auflöst. Erst durch ihre sensible Begleitung und Unterstützung öffnet sich das Kind bzw. die Gruppe für diesen Impuls und es entsteht aus dem Spielprozess ein Bildungsprozess.

Bei Kindern unter 3 Jahren stehen die geplanten Angebotszeiten nicht im Vordergrund. Die Gestaltung des Tagesablaufes, die Länge des Freispiels und die Dauer der Angebote orientieren sich täglich neu an den Bedürfnissen der Kinder.

Das Freispiel kann daher zum selbstständigen Spielen genutzt werden und zugleich die Möglichkeit offen lassen, mit einem oder mehreren Kindern ein gemeinsames Erleben zu schaffen. Erzieherinnen und Frühpädagoginnen sollten sehr flexibel und spontan bei der Gestaltung bleiben, genügend Materialien zur Verfügung stellen und einen vielfältigen Fundus an Impulsen und Ideen im „ Hinterkopf" haben.

In diesem Buch finden sich Spielimpulse für die Zeiten, in denen die Erzieherin das Spielbedürfnis des Kindes unterstützt. Sie fordern zur Wiederholung mit allen Sinnen auf, sind mit wenig Aufwand umsetzbar, für alle Situationen veränderbar, als Einzel- und Gemeinschaftsimpuls nutzbar und lassen noch viele Ideen der Kinder und der pädagogischen Fachkräfte zu.

3. Ganzheitliches Lernen in der Frühpädagogik

„Nichts ist im Verstand, was nicht vorher in den Sinnen war." Diesen Satz prägte schon im 13. Jahrhundert der Philosoph und Theologe Thomas von Aquin. Heute hat dieser Satz wieder an Aktualität gewonnen. Auch unsere Wissenschaftler wissen, dass die Weichen für die Entwicklung der kognitiven, sozial-emotionalen und körperlichen Fähigkeiten eines Menschen schon vorgeburtlich gestellt sind.

Jeder Mensch kommt mit seinen individuellen Fähigkeiten und Fertigkeiten zur Welt. Diese kann er mithilfe seiner Kompetenzen wie Neugierde, Selbstvertrauen, Forschungsdrang, Lernfreude und Mut für seine Weiterentwicklung nutzen. Dabei spielt die Sensibilisierung aller Sinne, zu denen Sehen, Hören, Riechen, Schmecken, Tasten und Fühlen sowie der Gleichgewichts- und der Tiefensinn gehören, eine wichtige Rolle. Die Entwicklung eines Kindes wird durch seine eigene und ganz persönliche Lebensgeschichte bestimmt. Die Umgebung, in der das Kind aufwächst, stellt die Bedingungen für seine Interessen. Menschen, die die Bedürfnisse des Kindes erkennen und ihm die notwendigen sinnlichen Wahrnehmungsimpulse geben, unterstützen die Weiterentwicklung dieser wichtigen „Lernhilfen". Sie befähigen das Kind, sich in einer ihm noch fremden Welt sicher zu bewegen.

Jeder Mensch setzt sich von Geburt an mit seiner Welt und deren Gesetzmäßigkeiten so auseinander, wie es seinem Charakter entspricht. Frederick Vester, ein Biochemiker, der sich mit dem vernetzten Denken befasst hat, hat 1975 ein Buch zum Thema „Denken, Lernen, Vergessen" veröffentlicht. Er prägte den Begriff *multisensorisches Lernen,* indem er 4 unterschiedliche Lerntypen herauskristallisierte. Nach Vester hat jeder Mensch einen individuellen Lernweg, der ihm ermöglicht, sich auf optimale Art und Weise Wissen anzueignen. So hat Vester durch Forschungsergebnisse den Menschen in den *auditiven Lerntyp,* der überwiegend über das Hören lernt, den *visuellen Lerntyp,* der überwiegend über das Sehen lernt, den *haptischen Lerntyp,* der überwiegend über das Anfassen lernt und den *intellektuellen Lerntyp,* der überwiegend über das Nachfragen lernt, eingeteilt. Vester stellte fest, dass niemand nur einen Lernweg verfolgt, sondern sich mithilfe der anderen Lernwege weitere Erfahrungen aneignet, die zum gesamten Lernprozess beitragen. Heute wissen wir, dass der Bewegung in der Lernentwicklung des Kindes eine große Bedeutung zukommt. Also wäre es wichtig, den *motorischen Lerntyp* den Typologien von Vester hinzuzufügen.

Ohne vielfältige sinnliche Erfahrungen in einem engen Kontakt mit der Bezugserzieherin, ohne Entdeckungsfreude, Neugierde und die damit verbundenen kleinen und großen Erfolgserlebnisse und ohne emotionales Erleben werden die Eindrücke und Erfahrungen nur kurzzeitig gespeichert. Erst durch vielfältige, gut dosierte, intensive Spielwiederholungen, die das Kind freiwillig und aus eigenem Antrieb

aktiv erlebt, vollzieht sich eine Vernetzung der Informationen, die langfristig abrufbar sind. Daher ist die andauernde Auseinandersetzung mit Alltagsmaterialien ein wichtiges Ziel in der Kleinkindpädagogik. Die Fähigkeit des rationalen Verstehens und Lernens entwickelt ein Kind erst kurz vor dem Schuleintritt.
Diese sinnvolle Verknüpfung von Erfahrungen kann als ganzheitliches Lernen bezeichnet werden. Die Wahrnehmungsentwicklung des Kleinkindes durch Material und Spielimpuls zu unterstützen und die sieben Sinne dem Kind als Lernwerkzeug bewusst zu machen, hat für jede Frühpädagogin erste Priorität.

Ich gehöre zu den Pädagogen, die die Verknüpfungsarbeit als wichtigste pädagogische Aufgabe einer pädagogischen Fachkraft ansehen, und gebe deshalb viele Aufbauimpulse, die diesen ganzheitlichen Weg der Bildung im Elementarbereich unterstützen. Der Antrieb für jede Wahrnehmungs- und somit Lernerfahrung ist und bleibt jedoch die Freiwilligkeit des Kindes und die Freude am Tun. Denken Sie, liebe Erzieherin und Frühpädagogin, bitte immer daran, wenn Sie dem Kind einen Impuls geben, denn „Lernen ohne Freude" ist, erlauben Sie mir bitte diesen Vergleich, wie „Kochen ohne Gewürze", nämlich geschmack- und wirkungslos.

Herzlich Danken möchte ich dem Kleinkindteam, insbesondere der Fachkraft für Kleinkindpädagogik Verena Vollmer, aus dem Familienzentrum des Städtischen Kindergartens Erwitte (Ostwestfalen). Sie alle haben meine Ideen in ihren pädagogischen Alltag eingebaut und sich diesen mit Freude zugewandt. Verena Vollmer hat mit mir lange und ausführliche Gespräche geführt und meine Ideen mit ihren Erfahrungen untermalt. Sie hat viel Zeit damit verbracht, wunderbare Fotos zu machen. Für Ihre Zeit und Aufmerksamkeit, die das Kleinkindteam mir und diesem Projekt geschenkt hat, bedanke ich mich noch einmal herzlich.
Dank sagen möchte ich auch den Eltern, die es mir erlaubt haben, die wunderbaren Fotos ihrer Kinder zu veröffentlichen. Dieses Projekt ist mir ein besonders nahes Projekt, denn die Kleinkindpädagogik mit all ihren Anforderungen liegt mir sehr am Herzen.

Ihre Ingrid Biermann

Praktische Umsetzung: Spiel-, Lern- und Förderangebote

1. Bewegung in den Alltag bringen

In jedem Alter sind Kinder in Bewegung. Für sie sind das Krabbeln, Kriechen, Klettern, Springen und Hüpfen wichtige Instrumente zur Selbsterfahrung. Mit jeder Form der Bewegung stärkt das Kind seine Sinne und seine Eigenwahrnehmung. Nur über die Bewegung bekommt es ein Bild über sich selbst, denn es lernt sich mit seinen Stärken und Schwächen kennen.
Es begreift über die Bewegung die Welt um sich herum. Um sich selbst zu spüren, zu erfahren und um dadurch die Umgebung zu begreifen, braucht das Kind ansprechende Bewegungsanlässe und viel Zeit zum Ausprobieren. Jede Erzieherin sollte durch vielfältige Bewegungsimpulse diese natürliche Bewegungsfreude unterstützen.
Bewegungsanlässe können neben einer bewegungsfreundlichen Umgebung und den ansprechenden Materialien auch durch Verse, Reime, Mitmachgeschichten, Lieder oder Fingerspiele geschaffen werden. Sie laden nicht nur zum Bewegen ein, sondern regen gleichzeitig auch die Sprechfreude, die Kreativität, das musikalische Empfinden und das Bedürfnis nach gemeinsamen Erlebnissen an.

1.1 Bewegungsverse

Hoch und runter

Material: für jedes Kind einen Hocker

Die Kinder sitzen auf den Hockern und bewegen sich dem Text entsprechend.

Hoch und runter, hoch und runter, ich bin heute froh und munter. Hoch und runter, steh nun still, weil ich ein wenig ruhen will.	*Die Kinder stehen auf und setzen sich.* *Diese Strophe kann mehrmals wiederholt werden.*
Hoch und runter, hoch und runter, ich bin heute froh und munter. Hoch und runter, jetzt ist Schluss, weil ich ein wenig ruhen muss.	*Die Kinder gehen in die Hocke.*

Variation

Rundherum, rundherum, schau ich falle gar nicht um. Rundherum, jetzt bleib ich stehn, gleich da kann es weiter gehen.	*Die Kinder drehen sich.* *Diese Strophe kann mehrmals wiederholt werden.*
Rundherum, rundherum, schau ich falle gar nicht um. Rundherum doch jetzt ist Schluss, weil ich ein wenig ruhen muss.	*Die Kinder gehen in die Hocke.*

Erweiterung

Die Kinder stellen sich auf verschiedene Anhöhen oder kleine Podeste wie Kissen, Wärmflasche gefüllt mit Sand oder auf einen Tisch.

Ich gehe hier im Kreise

Die Kinder gehen dem Text entsprechend durch den Raum. Die Erzieherin geht mit und spricht den Text.

Ich gehe hier im Kreise,
ich gehe heut ganz leise.
Ich gehe – bleibe stehn,
gleich werd ich weitergehn.

Ich laufe hier im Kreise,
ich laufe heut ganz leise.
Ich laufe – bleibe stehn,
gleich werd ich weitergehn.

Die ersten beiden Strophen können mehrmals wiederholt werden.

Ich gehe hier im Kreise,
ich gehe heut ganz leise.
Ich gehe – bleibe stehn,
will nicht mehr weitergehn.

Variation

Ich gehe hier im Kreise,
ich gehe heut ganz leise.
Ich gehe – mach mich klein,
ich will ein Zwerg nun sein.

Ich laufe hier im Kreise,
ich laufe heut ganz leise.
Ich laufe – mach mich schwer,
denn ich bin jetzt ein Bär.

Erweiterung

Aus verschieden Fußmatten wird ein Gehweg gestaltet, auf dem die Kinder barfuß unterschiedliche taktile Erfahrungen machen können.

Zehn laute Riesen

Material: Tesakrepp

Die Kinder machen sich beim Gehen groß und bewegen sich zunächst dem Text entsprechend frei durch den Raum. Die Erzieherin klebt mit dem Tesakrepp Gehwege auf den Boden. Nun können die Kinder versuchen nicht nur frei durch den Raum, sondern auch mal über die verschiedenen Gehwege zu gehen. Die Erzieherin spielt mit und spricht den Text mal laut und auch, wenn der Text es verlangt, leise.

Hinweis: Sollten diese drei Bewegungsformen für die Kinder eine Überforderung sein, so kann die Bewegungsart auf eine oder auf zwei beschränkt werden.

Zehn laute Riesen gehen über die Wiesen,
trampeln – bleiben stehn – wollen **laut** nun weitergehen.

Zehn laute Riesen gehen über die Wiesen,
trippeln – bleiben stehn – wollen **laut** nun weitergehen.

Zehn laute Riesen gehen über die Wiesen,
hüpfen – bleiben stehn – wollen **laut** nun weitergehen.

Diese Strophen können mehrmals wiederholt werden.

Zehn müde Riesen, gehen über die Wiesen,
gähnen – bleiben stehn – wollen **laut** nach Hause gehen.
Ruhn sich aus und schlafen ein,
machen sich dafür ganz klein.

Die Kinder legen sich auf die Teppichfliesen.

Variation

Durch immer neue Bewegungsformen können dem Text neue Bewegungsimpulse gegeben werden (z. B. schleichen, sich drehen, rückwärtsgehen, usw.) Das Wort **laut** wird durch das Wort **leise** ersetzt. Das Wort **Riesen** wird durch das Wort **Zwerge** und das Wort **Wiesen** wird durch das Wort **Berge** ersetzt.

Erweiterungen

Spurenspiel: Die Kinder machen mit ihren Füßen und Händen mit unterschiedlichen Materialien wie Rasierschaum, Fingerfarbe oder Matscherde dem Text entsprechend Spuren auf ein Papier.
Barfußpfad: Die Kinder gehen drinnen und draußen über Zeitungen, Teppichfliesen, Kissen, Gras, Sand, Erde, usw.

Laufen kann ich

Die Kinder bewegen sich dem Text entsprechend durch den Raum. Die Erzieherin geht mit und spricht den Text.

Laufen kann ich, schau mal zu,
laufen, ja das kannst auch du,
lauf mit mir nun hin und her,
Laufen, das ist gar nicht schwer.

Gehen kann ich, schau mal zu,
gehen, ja das kannst auch du,
geh mit mir nun hin und her,
Gehen, das ist gar nicht schwer.

Hüpfen kann ich, schau mal zu,
hüpfen, ja das kannst auch du,
hüpf mit mir nun hin und her,
Hüpfen, das ist gar nicht schwer.

Krabbeln kann ich, schau mal zu,
krabbeln, ja das kannst auch du,
krabble mit mir nun hin und her,
Krabbeln, das ist gar nicht schwer.

Variation

Kleine Schritte, schau mal zu,
kleine Schritte kannst auch du.
Mit kleinen Schritten geht's voran,
ich bleib stehn – fang wieder an.

Große Schritte, schau mal zu,
große Schritte kannst auch du.
Mit großen Schritten geht's voran,
ich bleib stehn – fang wieder an.

Die ersten beiden Strophen können mehrmals wiederholt werden.

Trippelschritte, schau mal zu,
Trippelschritte kannst auch du.
Mit Trippelschritten geht's nach Haus,
das schöne Spiel, es ist nun aus.

Erweiterungen
Körperwahrnehmungsspiel: Mit den Händen wird der Text auf dem Rücken des Kindes spürbar.
Spurenspiel: Die Kinder machen mit ihren Füßen und Händen mit unterschiedlichen Materialien wie Rasierschaum, Fingerfarbe oder Matscherde dem Text entsprechend Spuren auf ein Papier.
Wahrnehmungsspiel: Die Kinder erleben diesen Vers während sie im Haus und draußen barfuß über unterschiedliche Bodenbeschaffenheiten wie Sand, Gras, Erde, Steinfliesen, Teppichfliesen usw. gehen.

Ich gehe schwer

Material: für jedes Kind eine Teppichfliese

Die Kinder legen eine Teppichfliese in den Raum. Diese symbolisiert ihr Haus. Sie bewegen sich dem Text entsprechend durch den Raum.

Ich gehe schwer, ich gehe schwer, mit festem, festem Schritt daher. Ich gehe schwer und bleibe stehn, will nun weiter vorwärts gehn.	*Diese Strophe kann mehrmals wiederholt werden.*
Ich gehe schwer, ich gehe schwer, mit festem, festem Schritt daher. Ich gehe schwer, geh jetzt nach Haus und ruhe mich dort lange aus.	*Die Kinder setzen sich auf die Teppichfliese.*

Erweiterungen
Körperwahrnehmungsspiel: Mit den Händen wird der Text auf dem Rücken des Kindes spürbar.
Spurenspiel: Auf einem Blatt mit Rasierschaum oder Farbe werden die Spuren des Textes mit unterschiedlichen Hilfsmitteln (z.B. Pinsel, Stöcke, Löffel usw.) sichtbar.
Barfußpfad: Die Kinder gehen im Haus und draußen über Papier, Blätter, Wiese, Sand und Pflaster.

Ich bin heut ein Riese

Material: für jedes Kind einen Hocker

Die Kinder sitzen auf Hockern. Sie werden mit einem Zauberstab in Riesen verwandelt. Die Erzieherin geht durch den Raum und spricht die ersten zwei Zeilen. Dann tippt sie jedes Kind an und sie gehen mit.

Ich bin heut ein Riese und geh über die Wiese.	
Es gehen Schritt für Schritt, ganz viele Riesen mit.	
Wir gehen hin und her, das mögen wir so sehr.	
Jetzt ruhen wir uns aus und laufen schnell nach Haus.	*Die Kinder gehen in die Hocke und laufen zu ihrem Sitzplatz.*

Variation
Der Text wird wiederholt und dabei wird mal laut und mal leise gesprochen.

Erweiterungen
Körperwahrnehmungsspiel: Mit den Händen wird der Text auf dem Rücken des Kindes spürbar.
Spurenspiel: Die Kinder machen mit ihren Füßen und Händen mit unterschiedlichen Materialien wie Rasierschaum, Fingerfarbe oder Matscherde dem Text entsprechend Spuren auf ein Papier.
Stopptanz: Mithilfe von Marschmusik gehen die Kinder durch den Raum. Macht die Musik eine Pause, dann bleiben die Kinder stehen, spielt sie, dann gehen sie weiter.

Der Zwerg, der wohnt im Zwergenhaus

Material: Zauberstab, verschieden hohe Stühle, Hocker und Tische

Die Kinder werden in Zwerge verwandelt und kriechen unter den Tisch. Er symbolisiert das Zwergenhaus. Nun bewegen sich die Kinder dem Vers entsprechend und klettern dabei auf einen Hocker oder Stuhl, der den Berg symbolisiert. Der Vers wird mehrmals wiederholt und die Kinder suchen sich immer wieder einen neuen Berg. Zum Schluss gehen alle wieder unter den Tisch.

Der Zwerg, der wohnt im Zwergenhaus
und schaut aus seiner Tür heraus.

Er setzt auf die Zwergenmütze
und wandert auf des Berges Spitze.

Er schaut ins Tal und rennt dann munter,
den hohen Berg wieder hinunter.

Vor seinem Berg tanzt er umher,
rundherum, das mag er sehr.

Er geht ins Haus, legt sich zur Ruh,
macht dort dann seine Augen zu.

Erweiterungen

Körperwahrnehmungsspiel: Mit den Händen wird der Text auf dem Rücken des Kindes spürbar.

Spurenspiel: Die Kinder machen mit ihren Füßen und Händen mit unterschiedlichen Materialien wie Rasierschaum, Fingerfarbe oder Matscherde dem Text entsprechend Spuren auf ein Papier.

Musikalischer Impuls: Die Kinder werden eingeladen, nach unterschiedlichen Musikstücken zu tanzen.

Stopptanz: Mithilfe von klassischer Musik gehen die Kinder durch den Raum. Macht die Musik eine Pause, dann bleiben die Kinder stehen, spielt sie, dann gehen sie weiter. Bei Marschmusik marschieren die Kinder durch den Raum.

Mit dem Auto, brumm, brumm, brumm

Material: Stühle, großer Weidenkorb, viele Spielzeugautos, verschiedene Kartons, Tische, für jedes Kind einen Hocker und einen Gegenstand, der ein Lenkrad symbolisiert

Die Kinder sitzen auf dem Hocker. Der Weidenkorb steht in der Kreismitte und die Kinder spielen zunächst mit den Spielzeugautos. Sie fahren mit den Autos durch den Raum und die Erzieherin spricht dazu den Text. Dann bauen sie sich mit Hockern, Kartons und Stühlen eine Rennstrecke auf. Die Kinder bekommen den Gegenstand, der ein Lenkrad symbolisiert. Die Erzieherin spricht den Text und alle Kinder bewegen sich um die Hindernisse durch den Raum.

Mit dem Auto, brumm, brumm, brumm,
fahr ich heute so herum.
Ich fahre schnell um jede Ecke,
ich fahre eine weite Strecke.
Ich fahr zurück zu meinem Haus
und ruhe mich dort etwas aus.

Diese Strophe kann mehrmals wiederholt werden.

Mit dem Auto, brumm, brumm, brumm,
fahr ich heute so herum.
Ich fahre schnell um jede Ecke,
ich fahre eine weite Strecke.
Ich fahr zurück zu meinem Haus
und fahre heut nicht mehr hinaus.

Variation

Die Bewegungsgeschwindigkeit der Kinder kann verändert werden, indem aus dem Wort **schnell** das Wort **langsam** wird.

Erweiterungen

Körperwahrnehmungsspiel: Mit den Händen wird der Text auf dem Rücken des Kindes spürbar.

Spurenspiel: Auf einer langen Papierstraße, auf die Farbkleckse gemacht werden, entstehen mithilfe von verschiedenen Autos sichtbare Reifenspuren.

Bewegungsspiel: Die Kinder fahren mit den Kindergartenfahrzeugen durch den Kindergarten oder sie bauen sich draußen oder in der Turnhalle eine Rennstrecke auf und fahren um die Hindernisse herum. Die Erzieherin spricht den Text.

Mein Roller, mein Roller

Material: für jedes Kind einen Kindergartenroller, viele Schuhkartons

Die Kinder bekommen einen Roller und können draußen oder im Turnraum Roller fahren. Dieses Fahrerlebnis kann die Erzieherin mit kleinen Signalspielen begleiten (z. B. wenn sie die Hand hebt, bleiben alle stehen, senkt sie diese, so fahren sie wieder, oder sie setzt eine Triangel ein, die das Fahren und Stoppen anzeigt). Danach kann sie den Text einsetzen. Nun stellen die Kinder Schuhkartons auf und fahren um diese herum. Die Erzieherin spricht dabei wieder den Text. Die Kinder achten auf das langsame und schnelle Fahren. Je nach Fähigkeiten der Kinder fahren sie zunächst nur langsam. Die Erzieherin kann die Strophen beliebig oft wiederholen. Will sie das Spiel beenden, so spricht sie die Schlussstrophe und die Kinder bringen die Roller in die Garage oder zu einer anderen Stelle.

Mein Roller, mein Roller fährt langsam geradeaus,
mein Roller, mein Roller kennt sich hier gut aus.
Mein Roller, mein Roller, ja der steht nun still,
weil nach einer Pause er wieder fahren will.

Mein Roller, mein Roller fährt schnell geradeaus,
mein Roller, mein Roller kennt sich hier gut aus.
Mein Roller, mein Roller, ja der steht nun still,
weil nach einer Pause er wieder fahren will.

Die ersten beiden Strophen können mehrmals wiederholt werden.

Mein Roller, mein Roller, der fährt nun nach Haus,
mein Roller, mein Roller ruht sich lange aus.
Mein Roller, mein Roller steht nun lange still,
weil mein kleiner Roller nun lange ruhen will.

Erweiterungen

Körperwahrnehmungsspiel: Mit den Händen wird der Text auf dem Rücken des Kindes spürbar.

Spurenspiel: Die Kinder machen mit ihren Füßen und Händen mit unterschiedlichen Materialien wie Rasierschaum, Fingerfarbe oder Matscherde dem Text entsprechend Spuren auf ein Papier.

1.2 Bewegungsgeschichten

Hüpf, der Frosch

Material: langes Seil oder lange Wollschnur, Zeitungspapier, Teppichfliesen, viele kleine und große Kissen, Zauberstab, Spielfigur Frosch
Aufbau: Mit dem Seil wird ein großer Kreis geformt. Dieser symbolisiert einen See.

Die Kinder befassen sich eine Zeit mit dem Frosch, machen die Geräusche und Bewegungen nach und werden dann in Frösche verwandelt. Sie hüpfen dem Text entsprechend in dem Kreis herum.

Hüpf, der Frosch, er springt umher,
seinen Teich, den mag er sehr.

Er hüpft von Stein zu Stein,
aber nicht allein.

Viele Frösche hüpfen schnell,
hin und her und auf der Stell.

Müde machen sie sich klein,
schlafen schnell zusammen ein.

Variation
In den Teich werden mal Zeitungen, mal Teppichfliesen und mal große und kleine Kissen gelegt. Die Kinder hüpfen nun auf diese Materialien.

Erweiterungen
Körperwahrnehmungsspiel: Mit den Händen wird der Text auf dem Rücken des Kindes spürbar.
Spurenspiel: Eine große blaue Mülltüte wird auf dem Boden befestigt. Viel Rasierschaum wird daraufgekleckst und die Kinder patschen, dem Text entsprechend, mit ihren Fingern.
Klangvers: Jedes Kind bekommt einen Putzeimer. Nun wird der Vers gesprochen und die Kinder machen Hüpfgeräusche auf dem umgedrehten Eimer.

Krabbelkäfer

Material: grüne Decke, unterschiedliche Wolldecken, Kissen, Hocker, flauschige Tücher, Wärmflaschen gefüllt mit Wasser, Erbsen oder Sand, Feder, Zauberstab, Spielfigur Käfer

Aufbau: Die Materialien werden zu in dem Raum verteilt. Die grüne Decke (Wiese) liegt in einer Raumecke.

Die Kinder sitzen auf der grünen Decke und befassen sich zunächst mit dem Käfer. Sie werden dann selbst in Käfer verwandelt und krabbeln und fliegen im Raum herum. Danach legen sie sich wieder auf die grüne Decke. Dem Text entsprechend werden sie wach. Dann krabbeln sie mit der Erzieherin durch den Raum.

Krabbelkäfer sind zu Haus
und ruhen sich dort lange aus.

Sie werden wach und recken sich,
sie werden wach und strecken sich.

Nun machen sie ganz leise
eine lange Krabbelreise.

Mit vielen Käfern hier und dort krabbeln sie nun ganz weit fort.	
Sie krabbeln über Stock und Stein in die schöne Welt hinein.	*Die Kinder können nun eine lange Zeit krabbeln.*
Jetzt sind sie müd, krabbeln nach Haus und ruhen sich dort lange aus.	*Die Kinder krabbeln zurück auf die grüne Decke und legen sich schlafen.*

Nach einer Pause werden die Kinder mit einer Feder geweckt.

Erweiterungen

Körperwahrnehmungsspiel: Mit den Händen wird der Text auf dem Rücken des Kindes spürbar.

Spurenspiel: Die Kinder machen mit unterschiedlichen Materialien wie Rasierschaum, Fingerfarbe oder Matscherde dem Text entsprechend Spuren auf ein Papier. Eine Schublade mit Sand lädt dazu ein, seinen Fingerkäfer krabbeln zu lassen.

Bewegungsimpuls: Die Kinder bauen sich aus Kästen, Bänken, Matten usw. eine Krabbellandschaft und machen als Käfer verschieden Krabbelerfahrungen.

Der Regenwurm

Material: Zauberstab, großes braunes oder für jedes Kind ein eigenes Stofftuch, viele große Kartons, Kriechtunnel oder Stühle, Schuhkarton, viele braune Wollfäden
Aufbau: Die Wollfäden werden in einen Schuhkarton gelegt. Das restliche Material liegt griffbereit.

Die Kinder fassen in den Schuhkarton und holen sich einen Wollfaden (Regenwurm). Die Erzieherin und die Kinder bewegen nun jeweils diesen Wollfaden und dabei spricht die Erzieherin den Text. Die Regenwürmer können sich nun neue Kriechstraßen suchen (z.B. Tisch, Fußboden, Stuhl). Die Erzieherin wiederholt immer wieder den Text. Dann werden die Kinder in Regenwürmer verwandelt. Sie legen sich auf den Boden und werden mit einem braunen Tuch zugedeckt. Die Erzieherin spricht den Text und die Kinder kriechen oder krabbeln entsprechend über den Boden. Dann werden große und kleine Kartons oder Stühle aufgestellt. Durch diese können die Kinder kriechen, während die Erzieherin den Text spricht.

Der Regenwurm, der Regenwurm wühlt heute in der Erde rum. Er kriecht durch Gänge, ja und dann fängt er von vorne wieder an.	*Die Kinder kriechen eine Weile.*
Er kriecht und kriecht, macht eine Pause und kriecht langsam dann nach Hause.	*Die Kinder kriechen auf oder unter ihr braunes Tuch.*

Erweiterungen

Körperwahrnehmungsspiel: Mit dem Zeigefinger wird der Text auf dem Rücken des Kindes spürbar.
Spurenspiel: Die Kinder machen mit ihren Füßen und Händen mit unterschiedlichen Materialien wie Rasierschaum, Fingerfarbe oder Matscherde dem Text entsprechend Spuren auf ein Papier.
Musikalischer Impuls: Die Erzieherin untermalt das Spurenspiel mit klassischer Musik.

Ich mach mich kleine wie eine Maus

Die Kinder werden mit einem Zauberstab in Mäuse verwandelt und krabbeln unter einen Stuhl. Dieser ist das Mauseloch. Sie bewegen sich dem Text entsprechend.

Ich mach mich klein wie eine Maus und komme aus dem Loch heraus. Ich laufe schnell, ruh mich aus, lauf ganz schnell wieder in mein Haus.	*Die Kinder kommen unter dem Stuhl hervor.* *Krabbeln durch den Raum.* *Bleiben stehen* *und laufen unter den Stuhl.*
Ich mach mich klein wie eine Maus und komme aus dem Loch heraus. Ich laufe langsam, ruh mich aus, lauf langsam wieder in mein Haus.	*Die Kinder machen die selben Bewegungen wie in der ersten Strophe.* *Die ersten beiden Strophen können mehrmals wiederholt werden*
Ich mach mich klein wie eine Maus, komm nicht mehr aus dem Loch heraus, roll mich zusammen mach mich klein und schlafe dann ganz leise ein.	*Die Kinder bleiben unter dem Stuhl.*

Erweiterung

Die Kinder bauen sich mithilfe von Kästen, Kisten usw. eine Kriechlandschaft auf und entdecken als Maus verschiedene Krabbel- und Laufwege.

Ich bin das Pferdchen Hopplahopp

Material: Spielfigur Pferd, Kiste mit Gras, Stroh oder Blättern, Zauberstab, für jedes Kind einen kurzen Stock oder Besenstil und eine Teppichfliese

Das Pferd wird in der Kiste mit Gras, Stroh oder Blättern gesucht. Die Geräusche und Bewegungen können nun nachgespielt werden. Danach verwandelt die Erzieherin die Kinder in Pferde und gemeinsam mit Ihr laufen sie durch den Raum. Anschließend werden die Kinder eingeladen, der Reiter zu sein. Sie bekommen einen Besenstil und reiten.

Ich bin das Pferdchen Hopplahopp,
ich laufe langsam im Galopp,
ich springe über Stock und Stein,
in die weite Welt hinein.

Ich bin das Pferdchen Hopplahopp,
ich laufe ganz schnell im Galopp,
ich springe über Stock und Stein,
in die weite Welt hinein.

Ich bin das Pferdchen Hopplahopp,
ich laufe langsam im Galopp,
ich bin müd und lauf nach Haus
und ruhe mich dort lange aus.

Erweiterungen

Körperwahrnehmungsspiel: Mit den Händen wird der Text auf dem Rücken des Kindes spürbar.

Spurenspiel: Die Kinder machen mit ihren Füßen und Händen mit unterschiedlichen Materialien wie Rasierschaum, Fingerfarbe oder Matscherde dem Text entsprechend Spuren auf ein Papier.

Bewegungsimpuls: Die Kinder bekommen unterschiedliche Alltags- oder Turngeräte und bauen damit einen Reitparcours auf. Nun reiten sie durch diesen Parcours und die Erzieherin spricht dazu den Text. Barfuß auf der Wiese wird dieser Impuls zu einem besondern Erlebnis.
Musikalischer Impuls: Die Erzieherin spricht immer eine Strophe des Verses. Dann spielt sie Marschmusik ein. Zu dieser Musik reiten die Kinder durch den Raum. Sie können dazu einen Gymnastikstab zwischen ihre Beine nehmen. Hört die Musik auf, so bleiben sie stehen. Die Erzieherin spricht die zweite Strophe, die Musik spielt und die Kinder laufen wieder.

Der Bär, der dreht sich schnell im Kreise

Material: Bär, großes grünes Tuch, Zauberstab, für jedes Kind einen Hocker
Aufbau: Der Bär wird unter dem Tuch versteckt und die Hocker werden zu einem Kreis zusammengestellt.

Die Kinder erfühlen unter dem Tuch den Bären und können zunächst seine Bewegungen und sein Brummen nachmachen. Sie können ihn befühlen und etwas dazu erzählen. Danach werden, mithilfe des Zauberstabs, die Kinder in Bären verwandelt. Gemeinsam wird der Bewegungsvers gespielt.

Der Bär, der dreht sich schnell im Kreise,	*Sich schnell drehen.*
vor Freude brummt er ganz, ganz laut,	*Laut brummen.*
dreht sich herum, dreht sich herum	*Sich schnell drehen.*
und plötzlich fällt er um.	*Auf den Boden plumpsen.*
Langsam dreht er sich im Kreise,.	*Sich langsam drehen.*
vor Freude brummt er ganz, ganz leise,	*Leise brummen.*
dreht sich herum, dreht sich herum	*Sich langsam drehen.*
und plötzlich fällt er um.	*Auf den Boden plumpsen.*

Erweiterungen
Körperwahrnehmungsspiel: Mit den Händen wird der Text auf dem Rücken des Kindes spürbar.
Spurenspiel: Die Kinder machen mit ihren Füßen und Händen mit unterschiedlichen Materialien wie Rasierschaum, Fingerfarbe oder Matscherde dem Text entsprechend Spuren auf ein Papier.
Barfußpfad: Die Kinder gehen drinnen und draußen über Zeitungen, Teppichfliesen, Kissen, Gras, Sand oder Erde.
Bärentanz: Die Kinder tanzen nach einer Marschmusik einen freien Bärentanz.

Ich fliege wie ein Schmetterling

Material: für jedes Kind zwei Chiffontücher

Die Kinder werden mit einem Zauberstab in Schmetterlinge verwandelt und bewegen sich entsprechend dem Text. Sie bekommen in jede Hand ein Chiffontuch.

Ich fliege wie ein Schmetterling,
mal hin und auch mal her.
Ich fliege wie ein Schmetterling,
ja das ist gar nicht schwer.

Ich fliege wie ein Schmetterling,
mal langsam und mal schnell.
Ich fliege wie ein Schmetterling,
bleib stehen auf der Stell.

Ich fliege wie ein Schmetterling,
manchmal auch im Kreis.
Ich fliege wie ein Schmetterling
und bin dabei ganz leis.

Ich fliege wie ein Schmetterling,
ganz langsam nun nach Haus.
Ich fliege wie ein Schmetterling
und ruhe mich nun aus. *Die Kinder gehen in die Hocke.*

Erweiterungen

Körperwahrnehmungsspiel: Mit den Händen wird der Text auf dem Rücken des Kindes spürbar.

Spurenspiel: Die Kinder machen mit ihren Füßen und Händen mit unterschiedlichen Materialien wie Rasierschaum, Fingerfarbe oder Matscherde dem Text entsprechend Spuren auf ein Papier.

Schmetterlingstanz: Nach klassischer Musik bewegen sich die Kinder durch den Raum. Sie können dabei in jeder Hand ein Seidentuch halten. Hört die Musik auf, dann bleiben sie stehen. Beginnt sie, dann tanzen sie wieder.

Legespiel: Die Kinder belegen mit bunten Steinchen den Umriss eines Schmetterlings, den die Erzieherin auf ein Blatt gezeichnet hat.

1.3 Mitmachgeschichten

Mitmachgeschichten sind Geschichten, die die Kinder in die Thematik aktiv miteinbeziehen. Durch die einzelnen Hauptcharaktere werden sie zum Mitmachen motiviert. Auf ein bestimmtes Wort hin reagieren die Kinder mit einer passenden Bewegung oder einem passenden Geräusch, anschließend verfolgen sie den weiteren Verlauf der Geschichte. Die Signalwörter sind in den Geschichten immer fett markiert.

Zwerg Drehdichum

Bei dem Wort **Drehdichum** drehen sich die Kinder einmal im Kreis.

Es war einmal ein fröhlicher Zwerg. Er wohnte im Zwergenland und hieß **Drehdichum**. Jeden Morgen, wenn **Drehdichum** wach wurde, stellte er sich vor seinen Spiegel und streichelte seine Augen, seinen Mund, seine Ohren, seine Hände, seine Arme, seinen Bauch, seine Beine und seine Füße.
Wenn er dann ganz wach war, sprang er fröhlich in die Luft und dann drehte sich **Drehdichum** einmal herum. Jetzt war er wach und so schnell er konnte, lief er in den Wald, setzte sich auf die Wiese und lauschte den Vögeln. Erst als es dunkel war, ging **Drehdichum** in sein Zwergenhaus und schlief ein.

Erweiterungen

Körperwahrnehmungsspiel: Die Erzieherin erzählt die Geschichte und bei dem Wort **Drehdichum** macht sie auf dem Rücken des Kindes kreisende Bewegungen.
Spurenspiel: Die Kinder machen mit Unterstützung von klassischer Musik, ihren Füßen und Händen mit unterschiedlichen Materialien wie Rasierschaum, Fingerfarbe oder Matscherde dem Text entsprechend Spuren auf ein Papier.
Bewegungsgeschichte: Aus der Mitmachgeschichte wird eine Bewegungsgeschichte. Die Kinder ahmen alle Bewegungen des Zwerges nach.
Bewegungsimpuls: Die Kinder bauen mithilfe von Kartons, Leitern, Tischen, Tüchern und Decken das Zwergenland und bewegen sich dort als Zwerge.
Zwergentanz: Die Kinder tanzen als Zwerge nach Musik und drehen sich, bei Aufforderung der Erzieherin, rundherum.

Zwerg Klein und Groß

In dieser Geschichte gehen die Kinder bei dem Wort **Klein** in die Hocke und bei dem Wort **Groß** strecken sie sich in die Höhe.

Es waren einmal zwei Zwerge. Sie lebten mit vielen Freunden im Zwergenland. Der eine Zwerg hieß **Klein** und der andere Zwerg hieß **Groß** und sie wohnten zusammen in einem Zwergenhaus.
Jeden Morgen gingen **Klein** und **Groß** barfuß mit einem Körbchen auf die Wiese. Dort pflückten sie Beeren für ihr Frühstück. Schnell war ihr Körbchen voll und die Zwerge **Klein** und **Groß** gingen zurück in ihr Zwergenhaus.
Dort aßen sie so lange Beeren bis das Körbchen leer war. Ihr Bauch war ganz voll und **Klein** und **Groß** waren satt und sehr müde. Sie legten sich in ihr Zwergenbett und schliefen ganz schnell ein.

Erweiterungen

Bewegungsgeschichte: Aus der Mitmachgeschichte wird eine Bewegungsgeschichte. Die Kinder ahmen alle Bewegungen der Zwerge nach.
Naschangebot: Gemeinsam werden Beeren gegessen, ein Beerenkuchen gebacken, Saft gemacht oder Marmelade gekocht, wobei die Kinder, nach ihren Möglichkeiten, helfen können.
Bewegungsimpuls: Die Kinder bauen mithilfe von Kartons, Leitern, Tischen, Tüchern und Decken das Zwergenland und bewegen sich dort als Zwerge zu folgendem Text.

Schau einmal her, schau einmal her, sich groß zu machen, ist nicht schwer. Ich streck die Arme, schau dir an, wie groß ich heute werden kann.	*Sich strecken.*
Schau einmal her, schau einmal her, sich klein zu machen, ist nicht schwer. Ich hock mich hin, schau dir mal an, wie klein ich heute werden kann.	*Sich hinknien.*
Mal groß mal klein, mal groß mal klein, wir wollen heute Zwerge sein. Doch jetzt, da ruhen wir und aus, das Groß-und-Klein-Spiel ist jetzt aus.	*Die Kinder legen sich auf den Boden oder setzen sich auf den Stuhl.*

Die Freunde Hin und Her

Bei dem Wort **Hin** beugen die Kinder sich zur einen Seite, bei dem Wort **Her** zur anderen.

Es waren einmal zwei Freunde. Sie hießen Zwerg **Hin** und Zwerg **Her.** Die Zwerge **Hin** und **Her** wohnten im Zwergenland in einem klitzekleinen Zwergenhaus. Morgens, wenn die Sonne aufging, standen **Hin** und **Her** auf, setzten ihre roten Zipfelmützen auf und gingen dann barfuß durch das feuchte Gras.
Die Zwerge **Hin** und **Her** liefen kreuz und quer über die Wiese. Sie hüpften froh umher und lachten dabei so laut, dass die Vögel in ihren Nestern schimpften. Zwerg **Hin** und Zwerg **Her** gingen dann leise zurück in ihr Zwergenhaus. Dort tranken sie ihren Morgentee, aßen ihr Honigbrot und spielten bis zum Abend mit Stöcken und Steinen, die sie auf der Wiese gefunden hatten. Erst am Abend legten sich **Hin** und **Her** schlafen.

Erweiterungen

Körperwahrnehmungsspiel: Mit den Händen wird der Text auf dem Rücken des Kindes spürbar.

Bewegungsgeschichte: Aus der Mitmachgeschichte wird eine Bewegungsgeschichte. Die Kinder ahmen alle Bewegungen der Zwerge nach.

Bewegungsimpuls: Die Kinder bauen mithilfe von Kartons, Leitern, Tischen, Tüchern und Decken das Zwergenland und bewegen sich dort als Zwerge.

Zwergentanz: Die Kinder tanzen als Zwerge nach einer Musik hin und her und kreuz und quer durch den Raum.

Bewegungs- und Tanzlied: Nach der Melodie von *Alle meine Entchen*.

Viele, viele Zwerge tanzen hin und her,
tanzen hin und her,
tanzen immer wieder,
das ist gar nicht schwer.

Viele, viele Zwerge laufen kreuz und quer,
laufen kreuz und quer,
laufen immer wieder,
das ist gar nicht schwer.

Viele, viele Zwerge legen sich zur Ruh,
legen sich zur Ruh,
machen in der Pause,
ihre Augen zu.

1.4 Kreisspiele und Kniereiter

Hopp, hopp, hopp

Das Kind sitzt auf den Knien der Erzieherin und wird dem Text entsprechend bewegt.

Hopp, hopp, hopp – hopp, hopp, hopp, geht es langsam im Galopp.	*Das Kind wird langsam bewegt.*
Hopp, hopp, hopp – hopp, hopp, hopp, plötzlich heißt es **stopp**.	*Diese Strophe kann mehrmals wiederholt werden.*
Hopp, hopp, hopp – hopp, hopp, hopp, geht es ganz schnell im Galopp.	*Das Kind wird schneller bewegt.*
Hopp, hopp, hopp – hopp, hopp, hopp, plötzlich heißt es **stopp**.	*Diese Strophe kann mehrmals wiederholt werden.*

Variation

Diese Kniereiterstrophen können beliebig hintereinander gesprochen werden, sodass für das Kind immer wieder andere Bewegungsreize entstehen.

Erweiterungen

Körperwahrnehmungsspiel: Mit den Händen wird der Text auf dem Rücken des Kindes spürbar.

Spurenspiel: Auf einem Blatt mit Rasierschaum oder Farbe werden die Spuren des Textes mit unterschiedlichen Hilfsmitteln (z. B. Pinsel, Stöcke, Löffel usw.) sichtbar.

Bewegungsspiel: Die Kinder hüpfen mit oder ohne Hüpfball zum Text. Die Erzieherin leistet Hilfestellung.

Der Wind, er schaukelt dich ganz sacht

Das Kind sitzt auf dem Schoß der Erzieherin und wird bei diesem Vers sacht hin und her geschaukelt.

Der Wind, er schaukelt dich ganz sacht,
er gibt heut auf dich gut acht.

Er schaukelt dich sanft hin und her,
der Wind, der Wind, er mag dich sehr.

Jetzt ruht der Wind, du liegst ganz still,
weil er dich nicht mehr schaukeln will.

Erweiterungen

Spurenspiel: Mit Rasierschaum oder Farbe wird der Text mit verschiedenen Hilfsmitteln (z.B. Pinsel, Stöcke, Löffel usw.) auf einem Blatt Papier sichtbar.
Bewegungsspiel: Ein Kind wird in eine Decke gelegt. Zwei Erzieherinnen heben die Decke an und bewegen diese entsprechend dem Text.

Das Schaukelpferd

Das Kind sitzt auf dem Schoß der Erzieherin und wird bei diesem Vers sacht hin und her geschaukelt.

Das Schaukelpferd, das Schaukelpferd,
es schaukelt heut ganz schnell.

Das Schaukelpferd, das Schaukelpferd,
bleibt stehen auf der Stell.

Das Schaukelpferd, das Schaukelpferd,
es schaukelt – steht dann still,
weil das kleine Schaukelpferd,
jetzt nicht mehr schaukeln will.

Erweiterungen

Spurenspiel: Mit Rasierschaum oder Farbe wird der Text mit verschiedenen Hilfsmitteln (z.B. Pinsel, Stöcke, Löffel usw.) auf einem Blatt Papier sichtbar.
Bewegungsspiel: Ein Kind wird in eine Decke gelegt. Zwei Erzieherinnen heben die Decke an und bewegen diese entsprechend dem Text.

Das Schiffchen auf dem großen Meer

Das Kind sitzt auf den Knien der Erzieherin und wird dem Text entsprechend bewegt.

Das Schiffchen auf dem großen Meer, wiegt der Wind sanft hin und her, vor, zurück und hin und her, das Schiffchen mag das Schaukeln sehr.	*Diese Strophe kann mehrmals wiederholt werden.*
Das Schiffchen auf dem großen Meer, wiegt langsam nur noch hin und her, vor, zurück und hin und her, nun steht es still, es mag nicht mehr.	

Erweiterungen

Körperwahrnehmungsspiel: Mit den Händen wird der Text auf dem Rücken des Kindes spürbar.

Spurenspiel: Mit Rasierschaum oder Farbe wird der Text mit verschiedenen Hilfsmitteln (z. B. Pinsel, Stöcke, Löffel usw.) auf einem Blatt Papier sichtbar.

Bewegungsspiel: Ein Kind wird in eine Decke gelegt. Zwei Erzieherinnen heben die Decke an und bewegen diese entsprechend dem Text.

1.5 Bewegungsanregungen mit Alltagsmaterialien

Die Kartonstadt

Material: viele große und kleine stabile Kartons, großes Messer, Paketschnur
Aufbau: In die großen und kleinen Kartons werden unterschiedliche Löcher geschnitten. Die Kartons werden zu einer Häuserstadt in der Gruppe aufgebaut.

Die Kartons laden zum Klettern, Kriechen und Spielen ein.

Variationen

Die Kartoneisenbahn: Große und kleine Kartons werden so zusammengestellt, dass eine Eisenbahn entsteht. In die Kartons schneidet die Erzieherin unterschiedlich große Löcher. Die Kartons können miteinander verbunden werden, indem jeweils in die Kartonecken Löcher gemacht werden. Zwei Kartons werden eng zusammengestellt. Durch die Löcher wird eine Schnurr gezogen, die jeweils zwei Kartons miteinander verbindet. Von innen wird die Schnur fest verknotet, sodass sie nicht verrutschen kann. Nun sind die Kartons miteinander verbunden.
Der Kartontunnel: Die Erzieherin stellt mehrere Kartons hintereinander auf. Sie sind durch Kriechlöcher, durch die die Kinder kriechen können, miteinander verbunden. Damit der Tunnel nicht verrutscht, werden die Kartons, wie bei der Eisenbahn, miteinander verbunden.

Balancierspiele

Material: viele unterschiedlich große Putzeimer (Bügel bitte entfernen), viele unterschiedliche, für die Kinder leicht zu transportierende Regalbretter
Aufbau: Mit diesen Materialien können sich die Kinder Balancierstraßen bauen, indem sie die Bretter auf die umgekippten Eimer stellen.

Die Kinder können nun frei auf ihnen balancieren und immer wieder neue Straßen erfinden.

Spinnennetz

Material: vier Stühle oder Elemente aus dem Bewegungsraum, Wolle, Paketband oder Seile
Aufbau: Vier Stühle werden als Eckpunkte eines großen Quadrats aufgestellt. Mit Wolle wird ein Spinnennetz gezogen.

Die Kinder können drunter-, drüber- oder hindurchkriechen.

Zimmerhockey

Material: unterschiedliche Bälle, Tennisschläger

Die Bälle werden von den Schlägern angeschlagen und rollen so durch den Raum. Kartons und Eimer ohne Boden oder Stühle können dieses Spiel erweitern, dort müssen die Bälle hindurchrollen.

Schaukelparadies

Material: mehrere Matten oder Matratzen, Hängematten oder unterschiedliche Schaukeln, Schaukeltiere
Aufbau: Aus Matten oder Matratzen wird ein großes Podest gelegt. Über diese Fläche werden Schaukeln so unter der Decke angebracht, dass zwei oder drei Kinder gleichzeitig schaukeln können. Die Schaukeln hängen so tief, dass die Kinder sich selbst mit den Füßen abstoßen können. Weiterhin werden im Raum unterschiedliche Schaukeltiere aufgestellt, die die Kinder zum Schaukeln einladen.

Die Kinder können sich frei im Schaukelparadies bewegen.

2. Wahrnehmend Spielen und Lernen

Mit der Geburt betritt das Kind eine fremde Welt. Nichts ist ihm vertraut. Alles ist neu und unbekannt. Langsam tastet es sich voran. Dabei helfen ihm die angeborenen Sinne und Kompetenzen. Neugierde, Mut, Selbstvertrauen, Ausdauer und Geduld steuern die Verarbeitung der neuen Eindrücke. Die Intensität dieser Erfahrungen weckt beim Kind Neugierde und regt sein Handeln an. Es wird zum kleinen Forscher, der sich und seine Umgebung immer wieder neu entdeckt. So macht es sich langsam ein Bild von sich und seiner Umgebung.

Da Kleinkinder Reize ungefiltert aufnehmen, sollten diese bereits im Vorfeld von den Bezugspersonen ausgewählt werden. Auf diese Weise findet keine Reizüberflutung statt, das Kind kann ausgeglichen und entspannt seine Umwelt entdecken und erforschen.

Die Impulse, die ein Kind von außen erhält, sind ausschlaggebend für den Ablauf und den Erfolg seiner Lern- und Verarbeitungsprozesse. Die Umgebung des Kindes sollte klar gestaltet und die Spiel- und Lernimpulse sollten behutsam gegeben werden. Durch genaue Beobachtungen kann die Bezugserzieherin dem Kind zur passenden Zeit den richtigen Impuls geben, um somit seine Entwicklung bestmöglichst zu unterstützen. Gut dosiert und sortiert kann sie sich auf diese Weise an den Wahrnehmungsprozessen des Kindes beteiligen.

Die Anregungen, die in diesem Kapitel gegeben werden, laden zum Erfahren, Vertiefen und zum „Eintauchen" ein.

2.1 Spielimpulse zur visuellen Wahrnehmung

Schau genau

Material: Bollerwagen, Zwerg, Decke, Briefumschlag mit dem Vers, Tüte mit einer essbaren Überraschung (Kuchen, Obst oder Gemüse)
Aufbau: Die Erzieherin bereitet für diese Hauswanderung jeden Raum für die Fehlersuche vor. So stellt sie in jeden den Kindern zugänglichen Raum Dinge gut sichtbar hinein, die dort sonst nicht zu finden sind (z. B. Küche: Stiefel, Zahnbecher; Waschraum: Kochtopf, Gartenbesen; Schlafraum: Sandeimer, Handtuch usw.). Sie stellt den Bollerwagen, die Decke, den Brief und die Picknicktüte bereit.

Der Zwerg steht griffbereit. Die Erzieherin breitet die Decke aus und die Kinder setzten sich. Die Erzieherin holt den Zwerg, zeigt den Brief und lädt die Kinder zu einer besonderen Hauswanderung ein. Die Zwerge haben dafür etwas vorbereitet. Sie liest den Vers vor und dann gehen sie mit dem Bollerwagen durch den Kindergarten. In dem Brief steht die genaue Wegbeschreibung und die Aufgabenstellung. Die Kinder sammeln in jedem Raum die „falschen“ Dinge ein und bringen sie an den richtigen Ort zurück. Zum Schluss der Wanderung wird der Inhalt der Überraschungstüte gemeinsam verspeist.

Hinweis: Der Außenbereich kann mit einbezogen werden.

Schau mal her, schau mal her,
genau zu schauen ist nicht schwer.

Was ist hier falsch, komm, sag es mir,
für deine Hilfe dank ich dir.

Erweiterung
In den nächsten Tagen haben die Zwerge in den Gruppen immer mal wieder etwas „Falsches“ versteckt. Die Kinder schauen genau und suchen nach den Dingen, die am falschen Platz stehen und bringen sie an den richtigen Ort zurück.

Ich sehe was, was du auch siehst

Material: Gartenzwerg, roter Filzstift, Weidenkorb, Briefumschlag mit dem Vers, große Decke, rote Fingerfarbe, rotes Obst oder Gemüse, für jedes Kind einen roten Luftballon

Die Erzieherin stellt den Weidenkorb bereit, in dem der Zwerg und ein Brief liegen. Die Decke wird ausgebreitet und die Kinder setzen sich. Die Erzieherin erzählt ihnen, dass ein kleiner Zwerg aus dem Zwergenland alle Kinder heute zu einer besonderen Wanderung einladen möchte. Sie holt den Zwerg mit der roten Nase aus dem Weidenkorb, öffnet den Brief und spricht den Vers. Dann holt sie die griffbereite Fingerfarbe und macht jedem Kind einen roten Tupfen auf die Nase.

Anschließend lädt sie die Kinder zu einer Hauswanderung gemeinsam mit sich und dem Zwerg ein. Sie gehen durch alle Räume und sammeln rote Gegenstände ein und legen sie in den Korb. Unterwegs hat der Zwerg rote Luftballons verteilt, sie markieren den Weg und sollen auf dem Rückweg eingesammelt werden.
Das Ziel der Hauswanderung ist die Küche. Dort hat der Zwerg eine kleine Überraschung hinterlassen (rotes Obst und Gemüse, das gegessen werden darf). In der Küche laden die roten Gegenstände aus dem Korb zu einem Gespräch ein. Nachdem das Obst und Gemüse gegessen und ihr besonderer Geschmack wahrgenommen wurde, machen sich alle auf den Weg zurück in die Gruppe.
Auf dem Rückweg bringen die Kinder die roten Gegenstände aus dem Korb wieder zurück an ihren Platz. Die Ballons werden eingesammelt und können im Freispiel den Kindern zur Verfügung stehen.

Hinweis: Sie können auch draußen mit den Kindern nach Farben suchen. Hier gibt es in den einzelnen Jahreszeiten viel zu entdecken.

Komm mit ins rote Zwergenland,
da entdeckst du allerhand.

Rot ist jede Zwergennase,
rot sind Blumen in der Vase.

Rote Spuren kann man sehn,
wenn die Zwerge barfuß gehn.

Die Farbe rot ist wunderschön,
kommt lasst uns Rotes suchen gehn.

Variation
Dieser Vers kann mit unterschiedlichen Farben gesprochen werden und lädt so zu vielseitigen Farberlebnissen ein.

Erweiterungen
Tüchertanz: Mit roten Tüchern tanzen die Kinder nach klassischen Melodien oder Marschmusik.
Klangspielereien: Viele rote Luftballons, gefüllt mit Glöckchen, Erbsen oder anderen Materialien, laden zum Spielen ein.
Farbfenster: Viele unterschiedlich große, rote Folienkreise werden an die Fenster geklebt. Schauen die Kinder durch diese hindurch, sehen sie draußen alles in Rot.
Spurenspiel: Mit Rasierschaum oder Farbe wird der Text mit verschiedenen Hilfsmitteln (z. B. Spülbürsten, Zahnbürsten, Schwämmen usw.) auf einem Tapetenblatt sichtbar. Klassische Musik unterstützt diese Erfahrung.

Auf der Zwergenwiese

Material: Bollerwagen oder großer Weidenkorb, für jedes Kind einen Hocker, einige Steine, Stöckchen und Blätter

Die Erzieherin zeigt den Kindern die Steine, Stöckchen und Blätter, die die Zwerge gesammelt haben. Anschließend erzählt sie die Geschichte. Danach lädt sie die Kinder zu einem Spaziergang ein, bei dem sie auch Steine, Stöckchen und Blätter sammeln können. Wenn das Wetter es erlaubt, können die Kinder auch barfuß gehen. Am Ende können die Kinder draußen Spuren in den Sand malen oder mit ihren gesammelten Materialien gemeinsam oder allein Bilder legen.

Heute wollen die Zwerge mit ihrem Bollerwagen einen Suchspaziergang machen und ganz viele Blätter, Steine und Stöckchen suchen, mit denen sie spielen können. Schon früh am Morgen gehen sie los. Weil schönes Wetter ist, gehen sie alle barfuß. Schon am Anfang der Reise, auf einer schönen Wiese, finden sie große und kleine Steine, die sie in ihren Bollerwagen legen. Vergnügt geht es weiter.

Da es heute sehr windig ist, finden sie viele Blätter. Auch diese packen sie ein. Schon nach kurzer Zeit finden sie lange und kurze Stöckchen. Die packen sie auch in den Bollerwagen.

Fröhlich gehen die Zwerge weiter und immer wieder entdecken sie große und kleine Steine, viele Blätter, lange und kurze Stöckchen. Als sie genug Sachen zum Spielen gesammelt haben, machen sie sich auf den Heimweg. Vor ihrem Zwergenhaus legen sie mit ihren schönen Steinen, Blättern und Stöckchen wunderschöne Bilder und malen mit ihren Stöckchen Spuren in den Sand.

Sehen und finden

Material: zwei Decken, Zauberstab, sechs lange Wollfäden oder Reifen, je zwei Spieltierpaare (z. B. Hund, Katze, Ente, Maus, Kuh, Schwein usw.) und ein Sitzkissen

In der Mitte liegt eine Decke, darauf liegen die Tiere, die mit einer weiteren Decke zugedeckt sind. Die Kinder sitzen im Kreis um die Decke herum. Die Erzieherin sagt einen Vers und begleitet den Text mit den Fingern.

Ich hab zwei Augen, so wie du,	*Die Erzieherin zeigt auf ihre Augen.*
die schauen nun beim Spielen zu.	*Sie zeigt auf die Kinder.*
Sie sehen Dinge, groß und klein,	
ich lade euch zum Spielen ein.	*Die Decke wird weggenommen.*

Variationen

Tierraten: Die Kinder nehmen sich ein Tier und spielen zunächst damit. Nach dieser Phase legt das Kind, das von der Erzieherin genannt wird, sein Tier wieder auf die Decke. Danach spricht sie die Kinder einzeln an und beschreibt das eine Tier, das in der Mitte liegt. Das Kind nimmt das beschriebene Tier von der Decke. Ist die Decke leer, stellt sie eine neue Aufgabe.

Die Erzieherin macht die Geräusche oder die Bewegungen der einzelnen Tiere vor. Das Kind, das das entsprechende Tier vor sich hat, macht das Geräusch oder die Bewegung des Tieres nach und legt es auf die Decke zurück.

Die Erzieherin zeigt mit einem Zauberstab auf ein Tier. Alle Kinder können nun die Geräusche oder die Bewegung dieses Tieres nachmachen.

Tierpaare: Die Erzieherin legt aus den Wollfäden Kreise oder sie legt Reifen auf die Decke. Diese stellen die Wohnungen oder Ställe der Tiere dar. Nun bittet sie die Kinder, ihr Tier in einen Stall zu legen. Die Erzieherin legt die Tiere als Paare zusammen, sodass jedes Tierpärchen seinen eigenen Stall hat. Nun bittet sie ein Kind, die Augen zu schließen oder sich umzudrehen. Die Erzieherin tauscht zwei Tiere aus unterschiedlichen Tierpärchen aus. Das Kind muss die Tiere wieder als Paare in ihren Ställen zusammenlegen.

Erweiterungen

Körperwahrnehmungsspiel: Mit den Händen wird das Lied auf dem Rücken des Kindes spürbar.

Spurenspiel: Die Kinder machen mit ihren Füßen und Händen mit unterschiedlichen Materialien wie Rasierschaum, Fingerfarbe oder Matscherde Spuren auf ein Papier.

Bewegungsspiel: Die Bewegungen der Tiere werden in einem Spiellied vorgestellt und alle Kinder bewegen sich so durch den Raum. Das Spiellied kann nach der Melodie „Alle meine Enten“ entsprechend der vorhandenen Tiere umgewandelt werden.

Nachahmungsspiel: Im Freispiel können die Kinder mit den Tieren weiterspielen. Sie können mithilfe von unterschiedlichen Kartons Ställe bauen und mit Gras, Heu, Kastanien, großen Nüssen die Tiere füttern und immer wieder neue Spielabläufe entwickeln.

Lieder: Unterschiedliche Tierlieder wie „Alle meine Enten“ oder „Häschen in der Grube“ und Spiele wie „Katze und Maus“ oder „Bello, dein Knochen ist weg“ können zur weiteren Vertiefung eingebaut werden.

Sortieren und probieren

Material: verschiede Schälchen, Körbe, Eimer, viele Alltagsmaterialien zum Sortieren wie Wäscheklammern, bunte Zopfgummis, dicke Kugeln und Perlen, bunte Bastelkugeln, Nüsse, bunte Nudeln, Schraubverschlüsse aus Plastik von leeren Trinkflaschen, aber auch Blätter, Steine, Stöcke aus der Natur usw.

Die Kinder sortieren allein oder gemeinsam mit der Erzieherin die Materialien.

Variation

Als Hilfsmittel können unterschiedliche Zangen wie Zuckerzange, Gebäckzange oder Löffel verwenden werden.

Farben sortieren

Material: Seile, Bälle und Chiffontücher in den Farben Rot, Gelb und Blau, Farbwürfel mit den Farben Rot, Gelb, Blau und dreimal Weiß, drei Reifen und ein Eimer

In dem Eimer liegen alle Seile, Bälle und Chiffontücher. Die Erzieherin legt die Reifen auf den Boden. Nun bekommen die Kinder einen großen Würfel, auf denen die Farben Rot, Gelb und Blau zu sehen sind. Die restlichen drei Felder sind weiß. Nun kann jedes Kind würfeln und ein Teil der entsprechenden Farbe aus dem Eimer in den richtigen Reifen legen. Würfelt es Weiß, dann kann es sich eine Farbe aussuchen und das entsprechende Material in den richtigen Reifen legen.

Handschuhpaare

Material: großer Korb, pro Kind zwei Kinderhandschuhe, Fausthandschuhe, Lederhandschuhe, Strickhandschuhe, Skihandschuhe, Gummihandschuhe, Putzhandschuhe, Gartenhandschuhe

Die Kinder können die richtigen Paare suchen und zusammenlegen.

Variation

Die Erzieherin legt Socken dazu und das Kind findet den Fehler heraus.

Erweiterungen

Strumpfpaare: In allen Größen werden Strümpfe zusammengelegt.
Blumenpaare: Verschiedenfarbige Plastikblumen werden zusammengelegt.
Steinpaare: Verschiede Steine (z. B. Größe, Farbe, Form) werden zusammengelegt.
Gegenstandspaare: Unterschiedliche Gegenstände werden zusammengelegt.

Verstecken und entdecken

Material: Korb, ein großes einfarbiges Handtuch, drei weiße oder einfarbige kleine Tücher, unterschiedliche Alltagsgegenstände

Gemeinsam mit der Erzieherin wird der Korb mit unterschiedlichen Dingen gefüllt. Auf dem Tisch oder dem Boden liegt das große Handtuch. Das Kind nimmt drei verschiedene Gegenstände aus dem Korb, benennt sie und legt sie auf das Handtuch. Die Erzieherin benennt die gleichen Gegenstände und deckt sie jeweils mit einem kleinen Tuch ab. Nun nennt die Erzieherin einen Gegenstand, der sich unter einem der kleinen Tücher verbirgt, und das Kind versucht das richtige Tuch aufzudecken. Es kann natürlich so oft nachsehen, bis es den richtigen Gegenstand entdeckt hat. Wenn das Kind den Gegenstand entdeckt hat, darf es ihn wieder unter das kleine Tuch legen und die Erzieherin nennt einen anderen Gegenstand. Sind alle drei Gegenstände einmal entdeckt worden, kann das Kind neue Gegenstände aus dem Korb wählen.

Variation

Die ausgewählten Gegenstände im Korb können auch themenbezogen sein, z.B. Bauernhoftiere, Dinge vom Maltisch, Küchenutensilien usw.

Hier oder dort, nenn mir den Ort

Material: eine leere Pralinenschachtel, zwei Plastikbecher, viele bunte Perlen oder Kugeln, kleiner Weidenkorb

In dem Weidenkorb sind viele bunte Perlen oder Kugeln. Die Kinder und die Erzieherin sitzen am Tisch. In der Mitte des Tisches stehen die zwei umgedrehten Plastikbecher. Unter einem der Becher liegt eine Perle. Die Becher werden von der Erzieherin auf dem Tisch langsam durcheinander geschoben und die Kinder sehen genau hin.

Dabei sagt die Erzieherin: „Hier oder dort, nenn mir den Ort."

Die Becher werden nun nicht mehr bewegt. Ein Kind zeigt auf den Becher, unter dem seiner Meinung nach die Perle liegt. Der Becher wird hochgehoben und die Perle wird in eine Vertiefung der Pralinenschachtel gelegt.

Das Kind kann so lange die Becher, anheben bis es die Perle gefunden hat. Das Spiel wird gespielt, bis die Pralinenschachtel voller Perlen ist.

Variation

Jedes Kind bekommt eine eigene Pralinenschachtel.

Umrisse erkennen

Material: Weidenkorb, Teelöffel, Suppenlöffel, Tassen, Teller, Gabeln, Kuchengabeln, gestaltete Umrisskarten mit den jeweiligen Motiven

Die Erzieherin zeigt dem Kind den Weidenkorb mit den unterschiedlich großen Löffeln, Tassen, Tellern und Gabeln. Die Gegenstände werden einzeln besprochen, benannt und auf den Tisch gelegt. Anschließend nennt die Erzieherin einen Gegenstand und das Kind legt diesen in den Korb.
Nun legt sie die Umrisskarten auf den Tisch. Das Kind holt die einzelnen Gegenstände nacheinander aus dem Korb und legt sie auf die Umrisskarten.

Variation
Das Kind schließt die Augen oder dreht sich um. Die Erzieherin vertauscht zwei Gegenstände, die auf den Umrisskarten liegen. Das Kind soll nun den Fehler erkennen und den Gegenstand wieder auf die richtige Umrisskarte legen.

Kullernde Kugeln

Material: einige Meter durchsichtiger Wasserschlauch, Klemmklammern, großer Speiseeimer, Auffangbehälter wie Eimer, Dosen, Wannen, viele unterschiedliche Kugeln, Bohrmaschine
Aufbau: Die Klemmklammern werden von außen rundherum an dem Speiseeimer befestigt. Der Schlauch wird nun an den Klammern angebracht. Die Kugelbahn ist fertig.

Die Kinder können die kullernden Kugeln beobachten und sind immer wieder ermutigt, neue Kugeln rollen zu lassen.

Variationen
Materialmix: Ein leeres Auffangbecken kann die Kugeln auffangen. Es kann aber auch mit Wasser, Blättern, Watte, Wolle oder anderen interessanten Materialien befüllt werden.
Punktwürfel: In einem Korb sind mehrere Kugeln. Ein Würfel, der nur mit den Punktsymbolen eins und zwei gekennzeichnet ist, kann nun bestimmen, wie viele Kugeln jedes einzelne Kind durch das Rohr werfen darf. Ist der Korb leer, werden alle Kugeln wieder eingesammelt und das Spiel beginnt von vorne.

2.2 Spielimpulse zur taktile Wahrnehmung

Ich fühle was, was du auch fühlst

Material: Gartenzwerg, Weidenkorb, Decke, mehrere bekannte Gegenstände aus dem Gruppenraum, für jeden Gegenstand einen Stoffbeutel, Brief mit der Aufgabenstellung, Beutel gefüllt mit einer kleinen Leckerei
Aufbau: Die Erzieherin steckt bekannte Gegenstände in einen Beutel. Diese Fühlbeutel werden in den Korb gelegt. Sie schreibt den Vers auf einen Zettel und steckt diesen in einen Briefumschlag. In einen Beutel, der griffbereit liegt, packt die Erzieherin eine kleine Leckerei. Der Gartenzwerg wird bereitgelegt.

Die Kinder sitzen auf der Decke. Die Erzieherin holt den Gartenzwerg und erzählt, dass sie in den nächsten Tagen eine Hauswanderung machen wollen, weil die Zwerge sich etwas Neues überlegt haben. Sie liest den im Brief stehenden Vers vor. Danach kann sich ein Kind einen Beutel holen und versuchen, den Gegenstand von außen durch Fühlen zu erraten, als Hilfestellung kann es auch in den Beutel fassen. Es behält den Gegenstand und ein anderes Kind nimmt einen weiteren Beutel. Die Erzieherin liest erneut den Vers vor und das Kind versucht den Gegenstand zu erraten. Dieses Spiel wird so lange gespielt, bis der Korb leer ist.
Danach gehen die Kinder wieder auf Wanderschaft. Die Gegenstände aus dem Beutel werden nun an den richtigen Platz zurückgebracht. Zum Schluss holt die Erzieherin den Beutel mit der Leckerei und gemeinsam wird der Inhalt verspeist.
In den kommenden Tagen werden die Beutel mit den Gegenständen aus den anderen Räumen oder von draußen gefüllt und durch Tasten erraten. Anschließend werden die Gegenstände gemeinsam an den richtigen Ort zurückgebracht.

Fühl und bring ganz schnell,
jedes Ding an seine Stell.

Du kennst es ganz genau,
denn du bist ganz schön schlau.

Erweiterung

Einfarbige Waschhandschuhe werden mit nur zwei unterschiedlichen Materialien gefüllt, z.B. mit Maiskörnern und Kastanien. Die Kinder können diese erfühlen und anschließend sortieren.

Fühl genau

Material: für jedes Kind Sitzmatte oder Hocker, Korb, Karton, Schere, vier verschiedene Gegenstände aus dem Spielumfeld des Kindes
Aufbau: In den Karton werden rundherum Löcher geschnitten durch die gefühlt werden kann.

Die Kinder sitzen im Kreis. In einem Korb liegen Gegenstände, die den Kindern aus ihrem spielerischen Alltag bekannt sind. Diese Teile werden nun von ihnen betrachtet, befühlt und benannt. Danach bittet die Erzieherin die Kinder sich die Augen zuzuhalten. Dann legt sie aus dem Korb einen Gegenstand in den gelöcherten Karton. Nachdem die Erzieherin den Vers vorgelesen hat, können mehrere Kinder durch die Löcher in den Karton fassen und den Gegenstand erfühlen und gemeinsam benennen. Der Gegenstand wird aus dem Karton genommen und das Fühlrätsel wird aufgelöst. Diese Aufgabe wird so lange durchgeführt bis der Korb leer ist. Die Gegenstände werden nun gemeinsam wieder an ihren Ort gebracht.

Fühl genau, fühl genau,
das Ding, das kennst du ganz genau.

Variationen
Räumeraten: In den Karton werden Gegenstände aus einem bestimmten Raum im Kindergarten gelegt. Diese werden befühlt, erraten und einem Raum zugeordnet. Anschließend werden sie gemeinsam in den Raum zurückgebracht.
Fühlkartons: In mehrere Schuhkartons wird jeweils ein Loch geschnitten. Dort hinein wird ein Gegenstand gelegt, welchen die Kinder erfühlen können. Die Kartons stehen in der Gruppe in einer speziellen Fühlecke. Die Kinder können in der Freispielzeit fühlen und zur Auflösung hineinschauen.

Fühlhände

Material: Putzhandschuhe in einer Farbe, Heftklammern, Füllmaterial wie Sand, Erbsen, Reis oder Raps
Aufbau: Die Putzhandschuhe werden paarweise mit den oben genannten Materialien gefüllt und mit Klammern fest verschlossen.

Die Kinder können die Handschuhe erfühlen und sie als Memory zusammenlegen.

Variation
Die Erzieherin baut Fehler ein und die Kinder dürfen diese korrigieren.

Die Trampelstraße

Material: sechs Kissenbezüge, Tennisbälle, Kastanien, Mais, kleine aufgeblasene Luftballons, Stroh, Moos oder Gras, sechs Tomatenkisten, für jedes Kind ein Hocker
Aufbau: Die Kisten werden mit den o. g. Materialien gefüllt. Die Kissenbezüge liegen griffbereit.

Die Erzieherin lädt die Kinder zu einem Spaziergang ein. Sie stellt zwei Kisten auf, in denen Moos oder Stroh und Kastanien sind. Sie bittet die Kinder die Strümpfe auszuziehen. Die Kinder steigen mit Begleitung der Erzieherin nacheinander in die Kästen. Dabei machen die Kinder eine besondere Fühlerfahrung. Die Erzieherin erzählt, dass Zwerge auch gerne durch solche Kisten gehen und sich immer eine besondere Trampelstraße bauen. Danach erzählt sie den Kindern die Geschichte. Abschließend dürfen die Kinder nach draußen und barfuß weitere Fühlerfahrungen sammeln.

Die Zwerge im Zwergenland laufen alle gerne barfuß, denn dann können sie mit ihren Füßen den Rasen, den Sand aber auch die Erde spüren. Immer wieder machen sie sich neue Trampelstraßen. Mal sind sie aus Sand, mal aus Moos oder aus Stroh.
Heute haben sie eine besondere Idee. Sie haben Kisten gefüllt mit Tennisbällen, Luftballons, Kastanien und Mais. Daraus machen sie sich eine neue Trampelstraße. Das macht ihnen besonders viel Freude. Ihre nackten Füße fühlen genau, worauf sie treten. Immer wieder gehen sie über eine neue Trampelstraße. Von nun an bauen sie sich jeden Tag diese Trampelstraße und haben dabei sehr viel Spaß.

Erweiterung

Die Materialien werden in Kissenbezüge gepackt. Jetzt kann man nicht nur darübergehen, sondern auch darauf sitzen oder liegen.

Pitsch und patsch

Material: Decke, Pipette mit Wasser, Brief von den Wasserzwergen, für jedes Kind eine kleine Bürste und ein Handtuch, Wannen für Wasserspiele, Gegenstände, mit denen man schütten und gießen kann, Gegenstände die schwimmen und untergehen, Schwämme und weitere Materialien
Aufbau: Der Waschraum oder die Wiese werden für die Wasserspiele vorbereitet.

Die Kinder sitzen auf der Decke und die Erzieherin zeigt ihnen den Brief von den Wasserzwergen und liest den Vers vor. Sie lädt die Kinder ein, ihre Hand zu öffnen und tropft ihnen mit der Pipette einige Wassertropfen hinein. Die Kinder reiben sich die Hände und spüren das Wasser. Nun gehen alle in den Waschraum, wo sie mit den vorhandenen Materialien Wasserspiele machen dürfen.

Eine Hand- und Fußrubbelmassage mit einer kleinen Bürste gibt dem Spiel ein schönes Ende. Mit einem eventuell angewärmten Handtuch reiben sich die Kinder Hände und Füße trocken.

Pitsch patsch, pitsch patsch, pitsch patsch,
Wasser macht ganz großen Spaß.

Pitsch patsch, pitsch patsch, pitsch patsch,
Wasser macht uns alle nass.

Erweiterungen

Pipettenmalerei: Die Kinder bekommen drei verschiedene Pipettenflaschen, die mit buntem Wasser gefüllt sind. Sie bekommen ein Papiertuch und können nun bunte Tropfen auf das Papier tropfen. Es entstehen bunte Tropfenbilder.

Schwamm- und Bürstenmalerei: Mit unterschiedlichen Schwämmen oder Bürsten und Wasserfarbe können die Kinder auf fester Pappe Schwammbilder erstellen.

Trocken baden

Material: mehrere Planschbecken, Luftballons, verschiedene Tücher und Kissen
Aufbau: Verschiedene Planschbecken werden mit unterschiedlichen Materialien gefüllt, wie Luftballons, Tücher und Kissen.

Diese Becken laden zum Ruhen, Buddeln oder Fühlen ein. Je nach Größe der Becken dürfen die Kinder alleine oder zu mehreren die einzelnen Materialien erfühlen und erleben.

Fühlwannen

Material: mehrere Wannen, unterschiedliche Fühlmaterialien wie Erbsen, Raps, Linsen, Bohnen, unterschiedliche Gegenstände aus der Umgebung des Kindes
Aufbau: Die Wannen werden mit den unterschiedlichen Materialien (z. B. Erbsen, Linsen, etc.) gefüllt. Darin werden kleine und große Gegenstände versteckt.

Die Kinder dürfen durch Ertasten die Gegenstände suchen und erraten.

Variationen

Matschwannen: Die Wannen werden mit unterschiedlichen Materialien (z. B. Tapetenkleister, Zeitungspapiermatsche, Sandmatsche, Erdmatsche) gefüllt. Auch in diesen Matschwannen wird ein Gegenstand versteckt und von den Kindern erfühlt.
Fühlleine: In unterschiedlich große Socken wird etwas gesteckt, was erfühlt und erraten werden kann.

Fußfühlboxen

Material: eine große Menge Gips, Pappkisten oder Tomatenkisten, Folie, viele unterschiedlich große Bälle (z. B. Tennisbälle, Bälle aus dem Ballbecken, Tischtennisbälle)
Aufbau: Die Kisten werden mit Folie ausgelegt und mit Gips gefüllt. Dieser muss antrocknen. Dann drückt man die Bälle so tief in den Gips, dass sie zur Hälfte aus dem Gips herausschauen.

Die Kinder laufen barfuß in den einzelnen Ballkästen, die jeweils mit einer Sorte Bällen ausgelegt sind.

Körperleinwand

Material: schadstofffreie Fingerfarbe, Abdeckfolie, Pinsel, Waschutensilien
Aufbau: Der Waschraum wird für diese Malaktion vorbereitet und die Waschutensilien stehen griffbereit.

Die Kinder malen mit der Fingerfarbe ihren Körper und auf Wunsch auch den Körper eines anderen Kindes an.

Auffädeln

Material: Bindfäden, Mullbinden, Pfeifenputzer, Kordeln, Schuhbänder, Lochperlen und Kugeln in unterschiedlichen Größen, verschiede Gardinenringe, unterschiedlich lange Wasserschlauchstücke, unterschiedlich lange Toilettenpapierrollenstücke und beliebig andere Dinge, die sich zum Auffädeln eignen.

Die Kinder gestalten mit den unterschiedlichen Materialien vielseitige Zierbänder, die abschließend als Raumschmuck im Zimmer aufgehängt werden können.

Hinweis: Um den Kindern das Auffädeln zu erleichtern, kann an jedes Band oder an jedem Faden ein Pfeifenputzer gedreht werden. Er ist biegsam und kann als Verbindungsstück zu anderen Fädelmaterialien genutzt werden.

Knopfkiste

Material: viele unterschiedliche Knöpfe, Kiste

Die Kinder dürfen mit den Knöpfen in der Kiste frei spielen. Sie können sie z.B. befühlen, sortieren, Bilder legen, stapeln oder langsam über einen Teppich rollen. Die Kinder entdecken durch ihre eigenen Ideen die Knöpfe als vielfältiges Spielmaterial.

Variation

Die Kinder bekommen einen etwas dickeren Faden, mit dem sie große Knöpfe zu einer Kette auffädeln können.

Matschtisch

Material: Tisch, Wasser, Gießkanne, trockene Erde, Steine, kleine Stöcke

Die Kinder können mit der auf dem Tisch liegenden Erde frei experimentieren. Nach Bedarf kann Wasser hinzugegossen und mit der Erde vermischt werden. Mit den Steinen können die Kinder Bilder legen oder kleine Türme bauen. Die Stöcke können als Rührstab oder als Bauwerkzeug dienen. Der Fantasie des Kindes sind keine Grenzen gesetzt.

Klebrige Erfahrung

Material: Speisestärke, Wasser, großes Becken, Plastikflaschen, Trichter, Schüsseln

Aufbau: Aus der Speisestärke wird mit Wasser eine feste Masse hergestellt, die mit der Zeit nachdickt. Mit Wasser kann sie immer wieder flüssig gemacht werden, sodass sie durch die Finger rinnt.

Die Kinder dürfen mit den bereitgestellten Materialien am Becken experimentieren und ihre individuellen Erfahrungen sammeln.

2.3 Spielimpulse zur akustischen Wahrnehmung

Ich höre was, was du auch hören kannst

Material: Zwerg, Gegenstände aus der bekannten Umgebung, die Geräusche erzeugen oder mit denen man Geräusche erzeugen kann (z. B. Wecker, Glocke, Fön, Schere, Hammer und Nagel, Fahrradklingel, Wasserhahn usw.).

Ein ruhiger Raum (z. B. Schlafraum) wird zu einem Lauschzimmer. Die Erzieherin holt den Zwerg, der auch Lauschzwerg genannt wird, und liest aus dem Brief den Vers vor. Jedes Kind kann nun selbst ein Geräusch imitieren und die anderen Kinder dürfen es erraten.
Anschließend machen alle gemeinsam eine Hauswanderung. Sie gehen in verschiedene Räume wie Bad, Küche, Musikzimmer oder nach draußen auf die Wiese. Dort schließen die Kinder ihre Augen und die Erzieherin macht ein Geräusch, das die Kinder erraten müssen.

Spitz die Ohren, hör gut zu,
was ich höre, hörst auch du.

Spitz die Ohren, sei ganz still,
weil jeder etwas hören will.

Der Vogel und der Hund

Die Kinder ahmen die Geräusche der Tiere laut und leise nach.

Es war einmal ein kleiner Vogel. Der wohnte hoch oben in einem großen Baum. Der Vogel war so klein, dass ihn niemand sehen konnte. Aber wenn man ganz leise war, konnte man ihn gut hören.
Er konnte **sehr leise zwitschern** und flog jeden Morgen umher, um andere Tiere mit seinem Gesang zu wecken. So flog er eines morgens zu einem schlafenden Hund. Der lag vor seiner Hütte und schlief tief und fest. Der Vogel setzte sich neben den Hund und fing **leise** an zu **zwitschern**. Als der Hund erwachte, fing er **ganz laut** an zu **bellen.** Der kleine Vogel erschrak sich sehr und flog zurück in seinen Baum.
Nachdem er den Schreck überwunden hatte, **zwitscherte** der Vogel wieder **leise** in seinem Baum. Doch der Hund, der unter dem Baum saß, **bellte** immer noch **laut**. Und so **zwitscherte** der Vogel **leise** und der Hund **bellte laut**. Nach kurzer Zeit flog der Vogel weiter. Der Hund hörte auf zu bellen und legte sich wieder schlafen.

Regenwetter

Material: Rasseln, Trommeln, Triangel

Die Erzieherin erzählt den Kindern folgende Geschichte. Die Kinder bekommen danach die Rasseln oder Trommeln und können damit experimentieren. Anschließend erzählt die Erzieherin erneut die Geschichte und die Kinder können den Regen mit den Rasseln und den Donner mit den Trommeln darstellen.

Die Lauschzwerge im Zwergenwald wollen heute im Wald Holz sammeln. Doch leider ist der Tag heute gar nicht schön. Es regnet und regnet. Dicke Regentropfen fallen auf die Erde und machen alles pitschnass. Am Himmel ziehen große, dunkle Wolken auf und es donnert. Die Zwerge stehen vor ihren Häusern und schauen ins Wetter. Es regnet und regnet und donnert und donnert. Heute können sie leider kein Holz sammeln. Die Zwerge schließen die Tür und schauen aus ihren Fenstern.
Immer noch regnet und regnet es und aus der Ferne hört man es laut donnern. Nach vielen Stunden hört der Regen langsam auf und auch der Donner ist nur noch leise zu hören. Jetzt scheint wieder die Sonne (Erzieherin schlägt eine Triangel an) und die Zwerge gehen doch noch in den Wald, um Holz zu sammeln.

Variation

Die Kinder spielen die Geräusche mit ihren Händen nach. Den Regen spielen sie an der Fensterscheibe und den Donner auf einem Stuhl oder Tisch.

Erweiterungen

Körperwahrnehmungsspiel: Mit den Händen wird der Vers auf dem Rücken des Kindes spürbar.
Spurenspiel: Die Kinder machen mit unterschiedlichen Materialien wie Rasierschaum, Fingerfarbe oder Matscherde Regen- und Donnerspuren auf ein Papier.

Riesenbesuch im Zwergenland

Material: große und kleine Putzeimer oder Trommeln, Schlägel

Nachdem die Erzieherin den Kindern die Geschichte vorgelesen hat, nehmen die Kinder sich einen Putzeimer und einen Schlägel und ahmen die lauten Riesenschritte und die leisen Zwergenschritte nach. Danach liest sie die Geschichte erneut und die Kinder setzten ihre Instrumente passend ein.

Heute bekommen die Lauschzwerge von den Riesen aus dem Riesenland Besuch. Gemeinsam wollen sie einen Spaziergang im Zwergenland machen. Die Zwerge stehen vor ihren Häusern und warten auf die Riesen. Aus der Ferne hört man schon ihre Schritte.
Die **Schritte** werden immer **lauter** und bereits nach kurzer Zeit sind sie da. Nach einer freundlichen Begrüßung geht es auch schon los.
Mit kleinen, **leisen Schritten** gehen die Zwerge voran und mit großen **lauten Schritten** gehen die Riesen hinterher. An einem Waldsee bleiben alle stehen und schauen den Enten zu. Doch dann geht es weiter. Mit kleinen, **leisen Schritten** gehen die Zwerge voran und mit großen **lauten Schritten** gehen die Riesen hinterher. Nach einer kurzen Zeit bleiben sie an einer Weide stehen und schauen den Kühen zu. Doch dann geht es weiter. Mit kleinen, **leisen Schritten** gehen die Zwerge voran und mit großen, **lauten Schritten** gehen die Riesen hinterher. Als es dunkel wird, machen sie sich auf den Heimweg.
Mit kleinen, **leisen Schritten** gehen die Zwerge voran und mit großen, **lauten Schritten** gehen die Riesen hinterher. Die Riesen verabschieden sich und gehen durch den Wald nach Hause. In der Ferne werden ihre **Schritte** immer **leiser**. Die Zwerge gehen mit **leisen Schritten** in ihr Haus zurück und legen sich schlafen.

Variation

Die Kinder spielen die Geschichte mit ihren Füßen nach. Sie trippeln bei den Zwergen und stampfen bei den Riesen.

Erweiterungen

Körperwahrnehmungsspiel: Mit den Händen wird der Text auf dem Rücken des Kindes spürbar.

Spurenspiel: Die Kinder machen mit unterschiedlichen Materialien wie Rasierschaum, Fingerfarbe oder Matscherde Zwergen- und Riesenspuren auf ein Papier.

Trompetenkorb

Material: Weidenkorb, unterschiedlich große und breite Plastikrohre

Die Kinder können durch die Plastikrohre prusten und mit ihnen verschiedene Geräusche erzeugen.

Sortierspiel

Material: unterschiedlich große Dosen mit Deckel, Plastikflaschen, Reis und Kastanien, zwei Körbe
Aufbau: Im ersten Korb liegen Dosen mit einer unterschiedlichen Menge an Reis. Im zweiten Korb liegen Plastikflaschen mit einer unterschiedlichen Menge an Kastanien.

Die Kinder können durch Schütteln die unterschiedlichen Geräusche wahrnehmen und sie z. B. von laut nach leise sortieren.

Die Zimmerreise

Material: eine Trommel, für jedes Kind einen Hocker

Die Kinder stellen ihren Hocker im Raum auf und setzten sich darauf. Wenn die Erzieherin auf der Trommel spielt, dürfen die Kinder durch den Raum gehen und die Erzieherin spricht dazu die erste Strophe. Ist die Trommel still, nennt die Erzieherin eine Bewegungsart (z. B. Stampfen), die von allen nachgemacht wird. Anschließend lädt die Trommel erneut zu einer Zimmerreise ein. Dieses Spiel kann beliebig oft wiederholt werden.

Möchte die Erzieherin das Spiel beenden, sagt sie zum Schluss eine letzte Bewegungsart (z. B. auf den Hocker setzen). Während sich die Kinder auf ihren Hocker setzen, werden sie von der Handtrommel begleitet und die Erzieherin spricht dazu die zweite Strophe.

Alle Kinder gehen leise, machen eine Zimmerreise. Hör auf die Trommel – ist sie ganz still, bleib stehn, weil ich was sagen will.	*Alle Kinder gehen durch den Raum.*
Stampfen	*Gemeinsam stampfen.*
Alle Kinder sind ganz leise, vorbei ist nun die Zimmerreise. Auch die Trommel ist jetzt still, weil sie nun lange ruhen will.	*Alle Kinder setzten sich auf ihren Hocker.*

Die Blechtrommelkiste

Material: Tomatenkiste, Folie, Gips, unterschiedlich große Blechdosen, verschiedene Schlägel

Aufbau: Die Tomatenkiste wird mit Folie ausgelegt. Dort hinein wird Gips gegossen. Die verschiedenen Blechdosen werden mit der Öffnung nach unten in den Gips gedrückt. Nachdem alles gut getrocknet ist, kann es nach Belieben angemalt werden.

Die Blechtrommelkiste kann im Freispiel von den Kindern genutzt oder in musikalischen Angeboten zum Einsatz kommen. Die einzelnen Dosen erzeugen je nach Größe unterschiedliche Töne.

Ein schöner Wiesentag

Die Erzieherin liest die Geschichte vor und die Kinder ahmen an den richtigen Stellen die Tiere nach.

An einem schönen Tag macht die kleine **Katze** einen Ausflug. Sie will auf die große Wiese. Unterwegs trifft sie den **Hund**. „Willst du mit auf die große Wiese?", fragt die **Katze** den **Hund**. Der **Hund** will mit und gemeinsam gehen die **Katze** und der **Hund** zur Wiese. Auf der Wiese angekommen spielen der **Hund** und die **Katze** Fangen. Als der **Hund** und die **Katze** müde werden, legen sie sich unter einen großen Baum.
In dem Baum zwitschern viele **Vögel** und der **Hund** und die **Katze** hören den **Vögeln** zu. Als es dunkel wird, gehen der **Hund** und die **Katze** wieder nach Hause und nehmen sich vor, am nächsten Tag wieder auf die Wiese zu den **Vögeln** zu gehen. Der **Hund** und die **Katze** legen sich in ihren Betten schlafen und träumen von dem herrlichen Tag auf der Wiese und von dem schönen Gezwitscher der **Vögel**.

Erweiterungen

Spurenspiel: Die Kinder machen mit unterschiedlichen Materialien wie Rasierschaum, Fingerfarbe oder Matscherde Hunde-, Katzen- und Vogelspuren auf ein Papier.
Bewegungsgeschichte: Die Kinder ahmen zusätzlich die Bewegungen der Tiere nach.
Musikstoppspiel: Die Kinder ahmen die Vögel nach und fliegen nach der Musik durch den Raum. Wird die Musik gestoppt, bleiben alle Kinder stehen oder gehen in die Hocke.

Klangsäckchen

Material: verschiedene Waschhandschuhe, unterschiedlich große Bastelglöckchen
Aufbau: Die Waschhandschuhe werden mit Bastelglöckchen gefüllt und mit einer Nähmaschine oder per Hand zugenäht.

Die Klangsäckchen können durch Schütteln zum Klingen gebracht werden.

2.4 Spielimpulse zur gustatorischen und olfaktorischen Wahrnehmung

Ich schmecke was, was du auch schmeckst

Material: Brief mit der Aufgabenstellung, Decke, süße Nahrungsmittel wie Obst, Gemüse, Zucker, Kekse, Rosinen usw., Zitrone, ein großes Abdecktuch, für jedes Kind eine Weintraube

Aufbau: In der Küche wird ein Tisch vorbereitet, auf dem alles angeboten wird, was süß schmeckt. Die Nahrungsmittel sind mit einem Tuch abgedeckt. Die Weintrauben stehen griffbereit.

Die Erzieherin sitzt mit den Kindern auf der Decke. Sie lädt die Kinder zu einem Schmatzspiel ein und erzählt, dass die Naschzwerge ihr heute für die Kinder ganz besondere Bonbons gegeben haben. Die Kinder öffnen ihren Mund (schließen ggf. ihre Augen) und bekommen eine Weintraube auf die Zunge gelegt, während die Erzieherin den Vers spricht. Gemeinsam genießen sie schmatzend dieses besondere Bonbon und lecken sich anschließend mit der Zunge ihre Lippen ab. Die Erzieherin erzählt, dass die süßen Weintraubenbonbons von den süßen Zwergen waren, die ganz besonders gerne süße Sachen naschen. Sie lädt die Kinder ein, mit ihr in die Küche zu gehen, wo viele süße Naschleckereien bereitliegen.

Zum Abschluss machen die Kinder ein Geschmacksexperiment. Die Erzieherin macht es den Kindern vor. Sie streift den Finger über eine aufgeschnittene Zitrone, leckt sich den Finger ab und veranschaulicht über Mimik und Gestik ihre Erfahrung und benennt die Geschmacksrichtung (sauer). Danach taucht sie den Finger in einen kleinen Berg Zucker, veranschaulicht erneut über Mimik und Gestik ihre Erfahrung und benennt die Geschmacksrichtung (süß). Nun lädt sie die Kinder ein, dieselbe Erfahrung zu machen. Die Kinder dürfen nacheinander mit ihrem Finger über die Zitrone fahren und in den Zucker greifen. Auf diese Weise haben die Kinder den Kontrastgeschmack süß und sauer erfahren und begriffen.

Süßes ess ich jeden Tag,
weil ich Süßes gerne mag.
Süßes magst auch du,
komm, greif doch zu.

Erweiterung
In den nächsten Tagen werden am Frühstückstisch vorwiegend süße Nahrungsmittel angeboten. Die Zitrone liegt jedoch immer griffbereit, sodass jedes Kind auch noch einmal die saure Erfahrung machen kann.

Die Naschkatze

Material: Stofftier Katze, Abdecktuch, Zutaten für einen Schokoladenpudding, eine Schüssel, für jedes Kind einen Löffel und eine Sitzmatte
Aufbau: Die Erzieherin bereitet einen Schokoladenpudding vor, stellt diesen griffbereit und legt in die Mitte des Sitzkreises die Kuscheltierkatze unter ein Tuch.

Die Erzieherin lädt die Kinder ein, unter das Tuch zu fassen und den Gegenstand zu erfühlen. Danach sagt sie, dass hier die kleine Katze Miau schläft. Sie nimmt das Tuch weg und erzählt, dass Miau eine Naschkatze ist und gerne Pudding nascht. Ihr Lieblingspudding ist der Schokoladenpudding. Sie holt die Schüssel mit Schokoladenpudding und alle Kinder dürfen einmal mit dem Löffel probieren. Nun erzählt sie die Geschichte der kleinen Katze Miau. Immer wenn sie das Wort **Pudding** sagt, dürfen alle Kinder einen kleinen Löffel Schokoladenpudding essen.

Die kleine weiße Katze Miau ist eine richtige Naschkatze. Immer, wenn sie etwas zu fressen sieht, bekommt sie großen Hunger. Sie frisst alles, was sie auf dem Frühstückstisch finden kann. Am liebsten aber nascht sie **Pudding**. Sie mag wirklich jeden **Pudding**. Sie nascht Erdbeer**pudding**, Zitronen**pudding** und Vanille**pudding**. Doch am allerliebsten mag sie Schokoladen**pudding**. Von ihm kann sie nicht genug bekommen. Manchmal ist ihr Bauch so voller Schokoladen**pudding**, dass sie sich nach dem Naschen müde in eine Ecke legt und schnurrend einschläft. Dann träumt sie nur noch von Schokoladen**pudding**.

Der Bananenzwerg

Material: für jedes Kind und die Erzieherin ein Schälchen mit 12 Scheiben Bananen und eine Teppichfliese

Aufbau: Die Schälchen mit den Bananenscheiben werden vorbereitet und griffbereit gelegt.

Die Erzieherin bittet die Kinder, ihre Augen zu schließen (oder sie zuzuhalten) und den Mund zu öffnen, weil sie etwas probieren dürfen. Jedes Kind bekommt eine Bananenscheibe in den Mund gelegt. Nachdem die Kinder die Frucht erraten haben, gibt sie jedem Kind ein Schälchen mit folgendem Hinweis. Die Erzieherin wird eine Geschichte vorlesen und bei dem Wort *Banane* dürfen die Kinder eine Bananenscheibe aus ihrem Schälchen essen.

> Im Zwergenland wohnt ein Zwerg, der immer nur **Bananen** isst. Morgens zum Frühstück isst er ein **Bananen**brot, mittags zum Mittagessen isst er **Bananen**mus, nachmittags trinkt er **Bananen**milch und abends zum Abendbrot isst er einen **Bananen**salat. Wenn er ins Bett geht, dann nimmt er sich noch eine **Banane** mit.
> Weil er so gerne **Bananen** isst, wird er der **Bananen**zwerg genannt. Eines Tages wird der **Bananen**zwerg krank. Täglich wird er mit **Bananen**mus gefüttert und schon nach wenigen Tagen wird der **Bananen**zwerg wieder gesund. Jedes Jahr an seinem Geburtstag bekommt er von allen Zwergen ein Geschenk. Es ist immer eine – (die Kinder setzen nun das richtige Wort ein) **Banane**.

Hinweis: Die Anzahl der Bananenscheiben kann variieren, wenn die Geschichte etwas umgeschrieben wird. Dieses Spiel kann auch in die Vesperzeit integriert werden.

Erweiterungen

Bananentage: Die Kinder bekommen in den nächsten Tagen unterschiedliche Bananenspeisen, mit denen sie sich auch mal gegenseitig füttern dürfen.

Probiertisch: Im Zwergenland gibt es ein Probierstübchen. Dort ist ein Tisch, auf dem die Zwerge immer etwas Leckeres finden, das sie probieren dürfen. Auch im Gruppenraum kann ein Probiertisch stehen, auf dem z.B. eine Woche lang drei verschiedene Gemüsesorten liegen. So lernen die Kinder im Tagesverlauf neue Geschmacksrichtungen kennen. Nach einer Woche kann er mit neuen Nahrungsmitteln bestückt werden. So wird aus dem Gemüsetisch ein Obsttisch, ein Käsetisch, ein Wursttisch, ein Brottisch oder auch ein Getränketisch. Durch das Einschränken der Lebensmittel kann sich der Gaumen besser an die einzelnen Geschmacksrichtungen gewöhnen.

Das Schnüffelschwein

Material: Stofftierschwein, etwas Stroh, Abdecktuch, Schale mit Gras, gut riechende Blumen, Schale mit Erde, duftende Kräuter, für jedes Kind einen Sitzhocker und einen gut riechenden Apfel
Aufbau: Mit dem Stroh und dem Schwein wird die Mitte gestaltet. Sie werden mit einem Tuch abgedeckt und die anderen Materialien stehen griffbereit.

Die Erzieherin bittet die Kinder gemeinsam, vorsichtig das Tuch hochzuheben und die Kinder entdecken das Schwein. Die Erzieherin stellt ihnen Berta, das Schwein, vor und erzählt ihnen, dass Berta gerne herumschnüffelt. Alle Kinder üben mit ihrer Nase das Schnüffeln. Die Erzieherin erzählt den Kindern die Geschichte und lädt sie danach ein, an den Dingen, die sie mitgebracht hat, zu schnüffeln.

Berta, das Hausschwein, schnüffelt mit ihrer Schnauze den ganzen Tag herum. Sie läuft über die Wiese und schnüffelt im Gras, sie läuft durch den Garten und schnüffelt in der Erde und sie läuft ins Blumenbeet und schnüffelt an den Blumen. Ihr Schnüffelweg führt sie auch in den Kräutergarten. Dort schnüffelt sie an den lecker duftenden Kräutern. Auf ihrem Weg findet Berta hin und wieder auch Äpfel, die vom Baum gefallen sind. Diese werden natürlich auch beschnüffelt. Sie riechen so gut, dass Berta Hunger bekommt und schmatzend alle Äpfel auffrisst. Überall muss sie ihre Nase hineinstecken und erst, wenn sie genug geschnüffelt hat, legt sie sich ins Heu und schläft ein. Wenn man genau hinhört, dann hört man Berta auch noch in ihrem Schlaf leise schnüffeln.

Die grüne Woche

Material: Grünes Obst und Gemüse, Brettchen, Schälchen, kleine Schüsseln

Die Kinder werden über den Probiertisch (siehe „Der Bananenzwerg") eingeladen, in den nächsten Tagen nur grünes Obst, Gemüse und auch Kräuter zu probieren und zu riechen. Sie bereiten sich die Probierhäppchen selbst zu und bestimmen selbst ihr Lieblingsgemüse oder Obst.

Grünes steck ich in den Mund,
Grünes, das ist sehr gesund.

Grünes ess ich nun jeden Tag,
weil ich Grünes gerne mag.

Variation
Aus der grünen Woche kann dann eine rote oder gelbe Woche werden.

Schmatz, die kleine graue Maus

Material: Stofftiermaus, Korb, Geschirrtuch, Käse am Stück, Zahnstocher, Ananas, Wienerwürstchen, Gurken, Weintrauben, für jedes Kind ein Brettchen, ein Messer und ein Teller
Aufbau: Den Korb mit der darin liegenden Maus in die Mitte stellen und mit einem Geschirrtuch zudecken.

Die Erzieherin erzählt den Kindern, dass sich im Korb jemand versteckt hat, der abends gerne durch offene Fenster in Küchen schleicht, um dort heimlich zu naschen. Sie holt die Maus aus dem Korb und stellt sie mit dem Vers vor. Die Erzieherin kann den Vers einige Male gemeinsam mit den Kindern wiederholen und die Maus von Kind zu Kind reichen lassen. Anschließend bereiten die Kinder gemeinsam Käsehäppchen vor und verspeisen sie.

Schmatz, die kleine graue Maus,
kommt aus ihrem Loch heraus.

Ihr Weg führt sie zu einem Tisch,
hier liegt Käse ganz lecker und frisch.

Hmmm, wie gut der Käse schmeckt,
den Schmatz sich in den Mund heut steckt.

Die Maus, sie schmatzt, dann ist sie satt,
etwas müde und auch matt.

Sie läuft nach Haus und freut sich sehr,
morgen kommt sie wieder her.

3. Spiele und Verse rund um die Sprache

Ein Kind hat hundert Sprachen, hundert Weisen zu denken zu spielen und zu sprechen. Schon von Geburt an kommuniziert es mit seiner neuen Welt. Mithilfe seiner Stimme, seiner Mimik und Gestik, seinem Körperausdruck, seinen Händen und Füßen zeigt er deutlich seine Wünsche und Bedürfnisse an, die es dann auch befriedigt haben möchte.
Loris Malaguzzi

Der Kommunikationswissenschaftler Paul Watzlawick stellte fest: „Wir können niemals nicht kommunizierten." Jede Form der Kommunikation unterstützt die Wort- und Sprachbildung des Kindes. Handlungsbegleitendes Sprechen seitens der Erzieherin hilft dem Kind, seinen sprachlichen Ausdruck zu verbessern, seinen Wortschatz zu erweitern und seine Sprechfreude zu entwickeln. Die Erzieherin als sprechbegleitende Pädagogin gibt dem Kind die Kommunikationsimpulse, die es benötigt, und hilft ihm, passende Worte für seine Bedürfnisse zu finden und seine eigene Sprache zu bilden. Durch Klatschen, Stampfen und Reimen erweitert es schon früh seine phonemische Bewusstheit und durch Brummen und Summen festigt es seine Mundmotorik, die seine Artikulationsfähigkeit unterstützt.

Für eine vielfältige Sprachbildung benötigt das Kind von Anfang an anregende Impulse. Der Erzieherin stehen für eine alltagsintegrierte Sprachbildung viele Hilfsmittel zur Verfügung. Damit sie Sprachanlässe schaffen kann, benötigt sie eine Auswahl an Sprachbildungsmaterialien wie Bilderbücher, Verse, Lieder, Reime und Mitmachgeschichten. Aber auch alltägliche Situationen wie Spaziergänge oder gemeinsames Kochen gehören zu diesen Sprachbildungsstätten.

In diesem Kapitel finden Sie eine Menge neuer, aber auch einige bekannte Kniereiter, Sprachverse, Lieder, Reime, Geschichten und Fingerspiele, die sie im Alltag einsetzten können, um das Sprachbedürfnis des Kindes zu unterstützen und seine Sprechfreude anzuregen.

3.1 Fingerspiele

Ein Käfer

Ein Käfer, der läuft hin und her, ein Käfer mag das Laufen sehr.	*Mit einem Finger in der Luft* *oder über den eigenen Kopf krabbeln.*
Ein Käfer ruht sich etwas aus, ein Käfer fliegt zurück nach Haus.	*Den Finger auf ein Körperteil legen.* *Den Finger hinter den Rücken legen.*
Zwei Käfer laufen hin und her, zwei Käfer mögen das Laufen sehr.	*Mit einem Finger der rechten und der linken Hand über den eigenen Körper laufen.*
Zwei Käfer ruhn sich etwas aus, zwei Käfer fliegen zurück nach Haus.	*Die Finger auf ein Körperteil legen.* *Die Finger hinter den Rücken legen.*
Viele Käfer laufen hin und her, viele Käfer mögen das Laufen sehr.	*Mit den Fingern über den eigenen Körper laufen.*
Viele Käfer ruhn sich etwas aus, viele Käfer fliegen zurück nach Haus.	*Die Finger auf ein Körperteil legen.* *Die Hände hinter den Rücken legen.*

Erweiterungen

Körperwahrnehmungsspiel: Mit den Händen wird der Text auf dem Rücken des Kindes spürbar.

Spurenspiel: Die Kinder machen mit ihren Füßen und Händen mit unterschiedlichen Materialien wie Rasierschaum, Fingerfarbe oder Matscherde Käferspuren auf ein Papier.

Bewegungsspiel: Die Kinder werden als Käfer verwandelt und bewegen sich dem Text entsprechend.

Der Fingerschlapp

Der Finger, ja der ist ganz schlapp, er ist müd und hängt herab.	*Den Zeigefinger einer Hand beugen.*
Doch kommt der Wind und bläst ihn an, steht er gerade – schau, und dann läuft er vergnügt schnell hin und her, rundherum ist auch nicht schwer.	*Den Finger anpusten.* *Den Finger strecken.* *Den Finger hin und her und rundherum bewegen.*
Jetzt ist er müd und wieder schlapp, steht ganz still und hängt herab.	*Den Finger beugen.*

Erweiterungen

Körperwahrnehmungsspiel: Mit den Händen wird der Text auf dem Rücken des Kindes spürbar.

Bewegungsspiel: Die Kinder nehmen die Rolle des Fingers ein und bewegen sich dem Text entsprechend (z. B. Die Kinder sind ganz müd und schlapp etc.).

Die Katze schleicht ganz leise

Das Fingerspiel kann in den ersten beiden Strophen mit unterschiedlichen Körperteilen gespielt werden. Zum Abschluss wird die letzte Strophe vorgelesen.

Die Katze schleicht ganz leise, macht eine Streichelreise.	*Die Hand wird langsam bewegt.*
Sie streichelt mich, ich steh ganz still, weil ich das Streicheln spüren will.	*Der Körperteil wird gestreichelt, bis die letzte Strophe vorlesen wird.*
Die Katze ruht sich aus und dann, fängt das Spiel von vorne an.	
Die Streichelreise ist nun aus, die Katze schleicht ganz leis nach Haus.	*Die Hand wird hinter den Rücken gelegt.*

Erweiterung

Dieses Fingerspiel kann auch auf dem Körper eines anderen Kindes gespielt werden. Hierzu muss der Text an wenigen Stellen verändert werden (aus *ich* wird *du und* aus *mich* wird *dich*).

Die Zappelfinger

Die Finger, ja die sind so froh, sie zappeln gerne so und so.	*Die Finger langsam bewegen.* *Die Finger schnell bewegen.*
Sie zappeln rauf und wieder runter, die Finger, die sind immer munter.	*Die Finger hoch und runter bewegen.*
Sie zappeln hin und auch mal her, zappeln mögen sie so sehr.	 *Die Finger hin und her bewegen.*
Sie zappeln, ruhen sich dann aus und gehen dann zurück ins Haus.	*Die Finger auf die Oberschenkel legen.* *Die Finger zusammenziehen und eine Faust machen.*

Variation

Dieses Fingerspiel kann schnell, langsam, laut und leise gesprochen werden.

Erweiterungen

Körperwahrnehmungsspiel: Mit den Händen wird der Text auf dem Rücken des Kindes spürbar.

Spurenspiel: Die Kinder machen mit ihren Füßen und Händen mit unterschiedlichen Materialien wie Rasierschaum, Fingerfarbe oder Matscherde Spuren auf ein Papier.

Bewegungsspiel: Die Kinder nehmen die Rolle des Fingers ein und bewegen sich dem Text entsprechend.

Aus einem klitzekleinen Haus

Aus einem klitzekleinen Haus,	*Die Hände liegen auf dem Rücken.*
trauen sich Pitsch	*Eine Hand hervorholen.*
und Patsch heraus.	*Die andere Hand hervorholen.*
Sie grüßen sich und dann,	*Mit beiden Händen winken.*
fangen sie zu tanzen an.	*Beide Hände hin und her bewegen.*
Sie drehn sich fröhlich nun herum und fallen dann gemeinsam um.	*Beide Hände auf die Oberschenkel legen.*
Sie ruhn sich aus und fangen dann, froh gelaunt von vorne an.	*Beide Hände wieder aufrecht halten.*
Sie grüßen sich und dann,	*Mit beiden Händen winken.*
fangen sie zu zappeln an.	*Mit allen Fingern im Kreis zappeln.*
Sie zappeln fröhlich nun herum und fallen dann gemeinsam um.	*Beide Hände auf die Oberschenkel legen.*
Sie ruhn sich aus und fangen dann, froh gelaunt von vorne an.	*Beide Hände wieder aufrecht halten.*
Sie grüßen sich und dann,	*Mit beiden Händen winken.*
fangen sie zu krabbeln an.	*Mit allen Fingern im Kreis krabbeln.*
Sie krabbeln fröhlich nun herum und fallen dann gemeinsam um.	*Beide Hände auf die Oberschenkel legen.*
Sie ruhn sich aus – klatschen Applaus	*Mit beiden Händen klatschen.*
und gehen zurück ins Fingerhaus.	*Beide Hände auf den Rücken legen.*

Erweiterungen

Körperwahrnehmungsspiel: Mit den Händen wird der Text auf dem Rücken des Kindes spürbar.

Spurenspiel: Die Kinder machen mit ihren Füßen und Händen mit unterschiedlichen Materialien wie Rasierschaum, Fingerfarbe oder Matscherde dem Text entsprechend Spuren auf ein Papier.

Bewegungsspiel: Die Kinder bewegen sich entsprechend dem Text. Dieser muss hierfür an wenigen Stellen verändert werden (aus *Pitsch und Patsch* werden *die Kinder* und aus *Fingerhaus* wird *Kinderhaus*).

Zwei Hände

Zwei Hände wollen nicht mehr ruhn, sie wollen nun was Schönes tun.	*Beide Hände bewegen.*
Sie berühren mich ganz sacht, schau her, was jede Hand so macht.	*Sich mit den Händen streicheln.*
Sie berühren meinen Bauch, die Arme berühren sie nun auch.	*Mit den Händen den Bauch und die Arme berühren.*
Sie berühren meinen Mund und auch die Augen kugelrund.	*Mit den Händen den Mund und die Augen berühren.*
Berühren Ohren und die Beine und auch die Nase, die ganz kleine.	*Mit den Händen die Ohren, die Beine und die Nase berühren.*
Doch nun wollen sie nichts tun, wollen auf meinem Bauch nun ruhn.	*Beide Hände auf den Bauch legen.*
Sie winken mir noch einmal zu, komm, wink auch du.	*Einem Kind zuwinken.*

Erweiterung
Dieses Fingerspiel kann auch auf dem Körper eines anderen Kindes gespielt werden. Hierzu muss der Text an wenigen Stellen verändert werden (aus *mir* wird *dir*, aus *mich* wird *dich* und aus *meinen* wird *deinen*).

Ganz oben auf dem Berg

Ganz oben auf dem Berg, sitzt vergnügt der Wackelzwerg.	*Beide Hände über den Kopf zusammenführen.*
Sein Wackelkopf geht hin und her, das mag der Wackelzwerg so sehr.	*Mit dem Kopf wackeln.*
Fröhlich laufen seine Finger, diese flinken, muntren Dinger,	*Die Finger auf dem Kopf bewegen.*
vom Berg hinunter auf den Bauch, auf die Füße wolln sie auch.	*Die Finger laufen vom Kopf auf den Bauch, über die Beine, bis auf die Füße.*
Sie laufen durch das tiefe Tal, dort laufen sie dann überall,	*Die Finger laufen über den Boden in unterschiedliche Richtungen.*
mal hin und her, mal rundherum, müde kippen sie dann um.	*Beide Hände auf den Boden legen.*

Eine Maus

Beide Hände liegen hinter dem Rücken. Das Fingerspiel wird zweimal gespielt, einmal mit der rechten und einmal mit der linken Hand.

Eine Maus, eine Maus, kommt aus ihrem Haus heraus.	*Eine Hand kommt mit trippelnden Fingern hervor.*
Sie sucht überall nach Speck und läuft weg.	*Mit den Fingern über den Körper laufen und sie hinter dem Rücken verstecken.*

Variation
Das Fingerspiel kann mit den gleichen Bewegungen auch mit beiden Händen gleichzeitig gespielt werden.

Zwei Mäuse kommen nun heraus,
aus ihren kleinen Mäusehaus.
Sie suchen überall nach Speck
und laufen weg.

Erweiterungen
Körperwahrnehmungsspiel: Mit den Händen wird der Text auf dem Rücken des Kindes spürbar.
Spurenspiel: Die Kinder machen mit unterschiedlichen Materialien wie Rasierschaum, Fingerfarbe oder Matscherde dem Text entsprechend Spuren auf ein Papier.

3.2 Mitmachverse

Guten Morgen, ach wie schön

Die Kinder stehen mit der Erzieherin in einem Kreis. Der Vers wird gesprochen und die Bewegungsart wird mit einer frei erfundenen Singsangmelodie gesungen. Nach dem Lied erfolgt erneut der Vers und anschließend wieder das Lied mit einer neuen Bewegungsart (z.B. Kriechen, Krabbeln, Rennen etc.). Diese kann auch von den Kindern bestimmt werden.

Guten Morgen, ach wie schön, in unserm Kreis euch heut zu sehn,	*Eine Hand an die Stirn setzten und in den Kreis blicken.*
lasst uns viele Sachen miteinander machen.	*Mit einer Hand die Kinder zu sich winken.*
Lied: Wir hüpfen, wir hüpfen, das machen alle so, wir hüpfen, wir hüpfen, ja das macht uns ganz froh.	*Alle hüpfen durch den Raum.*
Guten Morgen, ach wie ... etc.	

Mi, ma, Maus

Die Kinder stehen im Kreis. Die Erzieherin sagt den Vers und klatscht dabei in die Hände. Nachdem die letzte Zeile gesprochen wurde, laufen die Kinder weg und die Erzieherin versucht ein Kind zu fangen. Der Vers kann in den Wiederholungen leise, laut, schnell und langsam gesprochen werden.

Mi, ma, Maus,
die Maus, die läuft ums Haus.
Sie sucht den frischen Speck
und läuft dann ganz schnell weg.

Variation

Während der Vers gesprochen wird, schlägt sich die Erzieherin im Takt auf die Oberschenkel und versucht, die Kinder zum Mitmachen zu animieren.

Summm, summ, summ

Die Kinder fliegen im Raum herum und die Erzieherin spricht den Text. Nach der letzten Zeile versucht die Erzieherin, ein Kind zu fangen. Der Vers kann in den Wiederholungen leise, laut, schnell und langsam gesprochen werden.

Summ, summ, summ,
Bienchen flieg herum.
Flieg von Ort zu Ort,
flieg nach hier und dort.
Flieg und steh ganz still,
weil ich dich fangen will.

Variation

Während der Vers gesprochen wird, schlägt sich die Erzieherin im Takt auf die Oberschenkel und versucht, die Kinder zum Mitmachen zu animieren.

Miau, miau, miaus

Die Kinder stehen im Kreis. Die Erzieherin spricht den Vers und schleicht im Kreis umher. Am Schluss versucht sie ein Kind zu fangen. Der Vers kann in den Wiederholungen leise, laut, schnell und langsam gesprochen werden.

Miau, miau, miaus,
die Katze schleicht ums Haus.
Sie läuft und fängt die Maus,
nimmt sie dann mit nach Haus.

Variation

Während der Vers gesprochen wird, schlägt sich die Erzieherin im Takt auf die Oberschenkel und versucht, die Kinder zum Mitmachen zu animieren.

Hopp, hopp, hopp

Die Kinder bekommen einen Stab, mit dem sie um ihren Stuhl reiten dürfen. Nach der letzten Zeile setzen sich alle Kinder auf ihren Stuhl. Der Vers kann in den Wiederholungen leise, laut, schnell und langsam gesprochen werden.

Hopp, hopp, hopp,
ich reite im Galopp.
Ich reite immerzu
und komme nicht zur Ruh.
Ich reite nun nach Haus
und ruhe mich dort aus.

Variation

Während der Vers gesprochen wird, schlägt sich die Erzieherin im Takt auf die Oberschenkel und versucht, die Kinder zum Mitmachen zu animieren.

3.3 Sprachprojekt: Die Feuerwehr

Bewegungsgeschichte: Es brennt

Material: Feuerwehrauto, rotes Tuch, für jedes Kind einen Hocker
Aufbau: Bevor die Kinder im Raum sind, stellt die Erzieherin das Feuerwehrauto in die Kreismitte und deckt es mit einem roten Tuch zu. Zur besseren Vorbereitung sollte die Erzieherin den Text kennen und die Bewegungen eingeübt haben.

Die Kinder sitzen gemeinsam mit der Erzieherin in einem Sitzkreis. Die Erzieherin macht das „Tatütata" Geräusch des Feuerwehrautos nach, wodurch die Kinder erraten sollen, was sich unter dem Tuch befinden könnte. Die Kinder fühlen unter das Tuch und erraten den Gegenstand. Das Tuch wird zur Seite gelegt und das Feuerwehrauto wird genau betrachtet. Danach stehen alle auf und die Erzieherin liest die Geschichte vor und macht die entsprechend markierten Bewegungen dazu. Die Kinder werden animiert, die einzelnen Bewegungen mitzumachen.

O weh, in der Ferne sehe ich Rauch, *(die Hand vor die Stirn halten und in die Ferne blicken)* ganz viel Rauch *(beide Hände wild in der Luft umherbewegen)*.
Er steigt in die Luft und es riecht verbrannt *(die Nase kräuseln)*.
Da höre ich auch schon die Feuerwehr. Mit lautem Tatütata, Tatütata kommt das Feuerwehrauto angesaust *(Geräusche und Bewegungen nachspielen)*. Es hält vor einem brennenden Holzhaufen. Es knistert und knackt und heiße Flammen lodern in die Höhe *(beide Hände hoch und runter bewegen)*.
Schnell rollen die Feuerwehrmänner den Wasserschlauch aus und im hohen Bogen spritzt ein dicker Wasserstrahl direkt in die Flammen *(Geräusche der Wasserspritzer nachahmen)*. Das Feuer zischt und zischt *(Geräusche des Feuers nachahmen)* und langsam wird es kleiner und kleiner *(langsam beide Arme bewegen und in die Hocke gehen)*. Die Feuerwehrmänner spritzen so lange Wasser auf das Feuer, bis es ganz gelöscht ist. Nur noch ganz leise knistert und knackt das verkohlte Holz. Endlich ist der Brand gelöscht und die Feuerwehrmänner sind müde *(laut gähnen)*. Langsam fahren sie zurück und ruhen sich in ihren Betten aus *(Bewegungen nachspielen und sich hinlegen)*.

Erweiterung

Die Kinder stellen ihre Hocker in eine lange Reihe. Sie setzen sich in das Feuerwehrauto und machen dessen Geräusche nach. Sie imitieren das schnelle und langsame Fahren des Autos und müssen am Ende der Fahrt einen kleinen Brand löschen.

Sprech- und Spielvers: Die Feuerwehr

Die Kinder stellen sich als ein Feuerwehrauto hintereinander auf. Gemeinsam mit der Erzieherin spielen und sprechen sie laut und schnell die erste Strophe. Die Kinder gehen durch den Raum und spielen mit unterschiedlichen Geräuschen und Bewegungen das Löschen eines großen Feuers nach. Nachdem das Feuer gelöscht wurde, stellen sie sich wieder hintereinander als Feuerwehrauto auf und die zweite Strophe wird gemeinsam leise und langsam gesprochen.

Die Feuerwehr, die Feuerwehr,
hör, die fährt ganz laut daher.
Sie fährt ganz schnell, sie fährt ganz schnell,
weil sie das Feuer löschen will.

Die Feuerwehr, die Feuerwehr,
hör, die fährt ganz leis daher.
Sie fährt langsam geradeaus,
sie fährt nun zurück nach Haus.

Variation

Eine beliebige Musik wird gespielt. Die Kinder bewegen sich einzeln als Feuerwehrautos durch den Raum. Sobald die Musik stoppt, bleiben die Autos stehen. Bei erneutem Beginn dürfen sie weiterfahren.

Erweiterungen

Körperwahrnehmungsspiel: Die Kinder gehen jeweils zu zweit zusammen. Ein Kind liegt auf dem Bauch und ein weiteres nimmt ein Spielzeugauto und fährt damit über den Rücken des liegenden Kindes. Währenddessen wird der Vers gesprochen. Anschließend wechseln die Kinder und der Vers wird erneut gesprochen.

Spurenspiel: Auf ein langes Blatt Tapetenrolle wird in die Mitte ein Klecks Farbe gesetzt. Die Kinder fahren mit einem Spielzeugauto oder mit ihren Fingern durch die Farbe und machen die Autospuren.

Bewegungslandschaft: Nach einem aufregenden und anstrengenden Tag in der Feuerwehr müssen die Feuerwehrautos in einer Waschanlage für den nächsten Einsatz wieder gesäubert und gereinigt werden. Hierzu wird eine Leiter oder zwei Stangen parallel zueinander ca. einen Meter über dem Boden befestigt. An den Stangen oder den einzelnen Sprossen einer Leiter werden unterschiedliche Materialien (z.B. Tücher, Bänder, Krepppapier usw.) befestigt, die ca. 20 cm. vor dem Boden enden. Schwämme, Bürsten und Putztücher liegen zum Einsatz bereit. Die Kinder können nach Belieben mit den Feuerwehrautos durch die Waschanlage fahren oder die Autos von Hand putzen.

Lied: Tatütata die Feuerwehr ist da

Das Lied kann gemeinsam im Sitzkreis gesungen oder mit den passenden Bewegungen nachgespielt werden. Die Kinder können sich in Paaren oder alleine nach der Melodie von *Summ, summ, summ, Bienchen summ herum* durch den Raum bewegen.

Tatütata, die Feuerwehr ist da,	*Schnell durch den Raum gehen.*
das Auto fährt so schnell es kann,	*Stehen bleiben.*
nach kurzer Zeit schon kommt es an.	
Tatütata, die Feuerwehr ist da.	
Tatütata, die Feuerwehr ist da,	
sie löscht das Feuer, ach o Schreck,	*Die Hände in Greifform nach vorne halten*
das schöne Haus, es ist jetzt weg.	*und Auf- und Abbewegungen machen.*
Tatütata, die Feuerwehr ist da.	
Tatütata, die Feuerwehr ist da,	
die Männer fahren müd nach Haus	*Langsam durch den Raum gehen.*
und ruhn sich von der Arbeit aus.	*Auf den Boden setzten.*
Tatütata, die Feuerwehr war da.	

Erweiterungen

Rollenspiel im Außengelände: Die Kinder werden Feuerwehrmänner. Sie bekommen einen durchsichtigen Eimer aufgesetzt und eine Sprühflasche in die Hand. Alle Kinder treffen sich am Feuerwehrhaus (z.B. Gartenhäuschen) und von dort aus laufen sie umher und löschen alles was brennt. Eine Trillerpfeife oder eine Glocke ist das Signal für sie zum Feuerwehrhaus zurückzukehren und auf einen neuen Einsatz zu warten.

Geschicklichkeitsspiel: Die Kinder fahren mit Tretrollern um Tische und Stühle oder im Außengelände um Hindernisse herum und sind Feuerwehrmänner, die es sehr eilig haben.

Fingerspiel: Die Feuerwehrmänner laufen schnell

Die Feuerwehrmänner laufen schnell, sie kommen flink heut von der Stell.	*Mit beiden Händen schnell auf die Oberschenkel klatschen.*
Sie bleiben stehn und ziiischsch, ziiischsch, zaus, das Feuer, ja das ist jetzt aus.	*Beiden Hände liegen auf den Oberschenkeln.*
Die Feuerwehrmänner gehen nach Haus und ruhen sich dort lange aus.	*Mit beiden Händen langsam auf die Oberschenkel klatschen.*

Erweiterungen

Körperwahrnehmungsspiel: Mit den Händen wird der Text auf dem Rücken des Kindes spürbar.

Spurenspiel: Die Kinder machen mit roter Fingerfarbe dem Text entsprechend Spuren auf ein Papier.

Mitmachvers: Hörst du es zischen

Material: Butterbrotpapier, Folie, Mülltüten, mehrere Holzlöffel

Alle Geräusche werden mit dem Mund und den benötigten Materialien nachgemacht.

Hörst du es zischen, knacken, knistern,	*Geräusche machen.*
hörst du das Feuer leise flüstern?	*Leise Geräusche machen.*
Es knistert und es zischt und knallt,	*Lautere Geräusche machen.*
das Feuerlied jetzt laut erschallt.	*Laute Geräusche machen.*
Es knistert leis, jetzt ist es still,	*Leise Geräusche machen.*
weil das Feuer ruhen will.	*Keine Geräusche machen.*

Erweiterung

Die Kinder bekommen rote und gelbe Chiffontücher. Sie knien sich hin, halten ihre Tücher fest und krabbeln zu einem Kreis zusammen. Anschließend legen sie sich hin. Die Erzieherin stellt eine beliebige Musik an. Das Feuer wird nun wach, die Kinder stehen auf. Die Flammen tanzen durch den Raum und berühren alles, was im Raum steht. Hört die Musik auf zu spielen, setzen oder legen sie sich wieder hin und ruhen. Sobald die Musik erneut erklingt, tanzen die Kinder wieder und entzünden mit ihren Tüchern den Raum. Dieser Feuertanz kann beliebig oft wiederholt werden.

3.4 Sprachprojekt: Auf dem Bauernhof

Mitmachgeschichte: Glückliche Tiere

Material: Weidenkorb, grünes Tuch, Bauernhoftiere wie Kühe, Schafe, Schweine, Hühner

Die Erzieherin stellt den Korb mit den Tieren in die Mitte und lädt die Kinder ein, den Inhalt zu erforschen. Die Kinder nehmen sich Tiere aus dem Korb und machen ihre Geräusche nach.
Danach breitet die Erzieherin ein grünes Tuch aus, das die Wiese symbolisiert, und die Kinder stellen die Tiere darauf. Sie lädt die Kinder ein, folgende Geschichte durch die entsprechenden Tiergeräusche zu begleiten. Die Erzieherin liest die Geschichte vor und hebt an der passenden Stelle das Tier hoch, das die Kinder imitieren dürfen.

Auf dem Bauernhof von Herrn Schmidt leben glückliche Tiere. Zu ihnen gehören **Kühe**, **Hühner**, **Schafe** und **Schweine**. Sie sind glücklich, weil sie fast jeden Tag auf die Wiese können. Hier fressen die **Kühe** frische Kräuter, die **Hühner** picken nach Regenwürmern, die **Schafe** fressen saftiges Gras und die **Schweine** fressen Möhren oder Äpfel, die der Bauer auf die Wiese gelegt hat. Am liebsten aber wühlen sie im Dreck. Alle sind Freunde und jeden Mittag treffen sich die **Kühe**, die **Hühner**, die **Schafe** und die **Schweine** an einem großen Baum, der auf der Wiese steht. Dort suchen sich die **Kühe**, die **Hühner**, die **Schafe** und die **Schweine** einen schattigen Platz und halten ihren Mittagsschlaf. Dann ist es ganz ruhig auf der Wiese. Erst am späten Nachmittag wachen die **Kühe**, die **Hühner**, die **Schafe** und die **Schweine** wieder auf, fressen noch einmal Kräuter, Gras, dicke Regenwürmer, Möhren oder Äpfel und gehen dann in den Stall. Bauer Schmidt macht die großen Türen zu und nun können alle Tiere gemeinsam schlafen. Anfangs hört man noch leise die **Kühe**, die **Hühner**, die **Schafe** und die **Schweine**. Doch schon bald sind alle eingeschlafen und es ist ganz still auf dem Bauerhof von Herrn Schmidt.

Variation

Die Erzieherin erzählt die Gesichte. An passender Stelle nennt sie nicht die Tiere, sondern macht die Geräusche. Die Kinder nennen das Tier oder zeigen auf die passende Figur. Um den Schwierigkeitsgrad etwas zu erhöhen, kann die Reihenfolge der Tiergeräusche immer wieder verändert werden.

Erweiterungen

Bewegungsgeschichte: Die Kinder bauen mit Kartons, Tischen und Decken einen großen Bauernhof mit Ställen für die Tiere. Eine grüne Decke stellt die Wiese dar. Ein Besen, der in einen Eimer mit Sand gestellt wird, symbolisiert den Baum. Die Kinder sind nun die Tiere und stellen die Geschichte nach.

Fingerspielgeschichte: Zehn hungrige Hühner

Zehn hungrige Hühner, die laufen schnell umher, sie suchen frische Körner, die mögen sie so sehr.	*Die Finger beider Hände laufen über die Oberschenkel.*
Zehn hungrige Hühner, die picken hier und dort, sie suchen frische Körner an jedem neuen Ort.	*Mit den Zeigefingern auf die Oberschenkel klopfen.*
Zehn hungrige Hühner, ja, die sind endlich satt, sie legen sich zum Schlafen, sie sind erschöpft und matt.	*Langsam mit den Fingern über die Oberschenkel laufen und ruhig ablegen.*

Variation

Die Kinder suchen sich einen Platz (z.B. den Tisch, den Fußboden oder die Wand) und machen das Fingerspiel auf der Oberfläche hörbar.

Erweiterungen

Körperwahrnehmungsspiel: Die Kinder gehen zu zweit zusammen. Ein Kind liegt auf dem Bauch und das andere spielt den Text auf dem Rücken des liegenden Kindes. Anschließend wechseln sie die Rollen.
Spurenspiel: Die Kinder machen mit Rasierschaum oder Fingerfarbe dem Text entsprechend Hühnerspuren auf ein Papier.
Bewegungsspiel: Die Kinder stellen den Text dar und bewegen sich passend dazu als Hühner im Raum.

Fingerspielgeschichte: Fünf Tiere

Die einzelnen Finger einer Hand werden bei jeder Zeile berührt. Anschließend wird das Fingerspiel mit der anderen Hand wiederholt.

Das **Schwein**, das Schwein, das Schwein, es ist noch ganz, ganz klein.	*Kleiner Finger*
Die **Kuh**, die Kuh, die Kuh, die macht die Augen zu.	*Ringfinger*
Das **Huhn**, das Huhn, das Huhn, hat heut nicht viel zu tun.	*Mittelfinger*
Das **Schaf**, das Schaf, das Schaf, das ist heut gar nicht brav.	*Zeigefinger*
Der **Hund**, der Hund, der Hund, er dreht heut seine Rund.	*Daumen*
Die **Tiere** laufen nun hinaus, am Abend ruhn sie sich aus.	*Alle Finger bewegen und auf die Oberschenkel legen.*

Spiellied: Mäh, mäh, mäh, das Schaf sucht frischen Klee

Die Kinder bewegen sich nach der Melodie von *Hopp, hopp, hopp, Pferdchen lauf Galopp* durch den Raum.

Mäh, mäh mäh, das **Schaf** sucht frischen Klee,
es läuft nach hier und läuft nach dort,
es frisst und frisst an jedem Ort.
Mäh, mäh mäh, das Schaf sucht frischen Klee.

Pick, pick, pick, das **Huhn**, das hat heut Glück,
es findet Körner hier und dort,
es frisst und frisst an jedem Ort.
Pick, pick, pick, das Huhn, das hat heut Glück.

Muh, muh, muh, die **Kuh**, die sucht in Ruh,
frisst frisches Gras mal hier mal dort,
sie frisst und frisst an jedem Ort.
Muh, muh, muh, die Kuh, die sucht in Ruh.

Grunz, das **Schwein**, sucht heute ganz allein,
es wühlt und wühlt mal hier mal dort
und frisst und frisst an jedem Ort.
Grunz, das Schwein, sucht heute ganz allein.

Erweiterung
Die einzelnen Tiere können durch Instrumente dargestellt werden. Zu jeder Strophe wird das passende Instrument gespielt.

Bewegungsvers: Wir wollen auf die Wiese gehn

Material: Bilder der im Vers genannten Tiere oder Holz- bzw. Plastiktiere, fünf Reifen

Die Erzieherin lädt die Kinder zu einer kleinen Tiergeschichte ein. Nachdem sie die ersten vier Zeilen gesprochen hat, zeigt sie zu jedem Tier das Bild und spricht die dazugehörigen Zeilen. Danach legt sie die Reifen hin und legt zu jedem ein Tierbild oder ein Tier.
Die Kinder suchen sich ein Tier aus und setzen sich in den entsprechenden Reifen. Die Erzieherin spricht den Vers erneut und die entsprechenden Kinder gehen durch den Raum und wieder zurück in ihren Reifen. Durch langsames und schnelles Sprechen bekommt der Vers eine Sprech- und Bewegungsdynamik.

Wir wollen auf die Wiese gehn,
um uns die Tiere anzusehn,
dort schauen wir in Ruh
den Tieren lange zu.

Das **Huhn** – geht heute kreuz und quer,
sucht Körner, denn die mag es sehr.
Das **Schwein** – es trampelt durch den Dreck
und frisst sich an den dicken Speck.
Das **Schaf** – es rennt und springt, bleibt stehn,
nanu, was hat es wohl gesehn.
Die **Kuh** – geht langsam und nicht weit,
denn sie hat heute ganz viel Zeit.

Alle Tiere gehen nach Haus,
unser Spaziergang ist nun aus.

Erweiterungen

Klangvers: Alle Kinder bekommen einen Eimer und zwei Stöcke. Mit diesen Klangwerkzeugen spielen sie die Bewegungen der Tiere nach. Der Vers kann beliebig gekürzt und die einzelnen Zeilen beliebig oft wiederholt werden. Die einzelnen Tiere können auch durch verschiedene Instrumente oder Klangwerkzeuge dargestellt werden.

Stabpuppenspiel: Die Erzieherin lädt die Kinder in ein Theater ein. Dazu werden vorher die Tiere auf Pappe gemalt, ausgeschnitten und an einem Stab befestigt. Eine Schnur wird gespannt und ein grünes Tuch (Wiese) aufgehängt. Die Erzieherin geht hinter das Tuch. Sie spricht den Vers und zeigt dazu die Bewegungen mit den entsprechenden Tieren. Anschließend dürfen einzelne Kinder die Erzieherin unterstützen und die Rolle eines Tieres übernehmen.

4. Alles ist Klang – alles ist Musik

Die Welt um uns herum ist in Bewegung und alles, was sich bewegt, erzeugt Geräusche, Klänge und Töne. Der Wind säuselt, der Regen klopft, die Biene summt, der Hund bellt, der Mensch flüstert, schreit, spricht oder singt. Das Kind ist von Geburt an für all diese Geräusche sehr empfänglich. Es hat ein feines Gehör und reagiert von Anfang an auf angenehme, aber auch auf unangenehme Töne. Das menschliche Gehirn ist immer empfangsbereit, aber nur langsam in der Lage, Geräusche, Klänge, Töne, Takt, Rhythmus, Melodie und die damit verbundenen Stimmungen zu sortieren, zu filtern und zu ordnen.

Das Lernfeld Musik befasst sich im frühen Kindesalter in erster Linie mit der Festigung der auditiven Aufmerksamkeit und der Differenzierung (z.B. hoch – tief, laut – leise, schnell – langsam und Alltags-, bzw. Tiergeräusche erkennen und unterscheiden). Spielerisch setzt sich das Kind mit seinem auditiven Gedächtnis auseinander und trainiert seine Sicherheit im Richtungshören. Musik entdecken heißt: Bewegung, Sprache und Kreativität erfahren, soziales Miteinander erleben, sich verbunden fühlen, seine eigenen Fähigkeiten und Vorlieben erkennen und seine emotionale Befindlichkeit spüren. Musik erleben heißt: aktiv sein, zuhören und mitmachen, sich alleine beschäftigen, aber auch der Gemeinschaft anpassen können. Musik verstehen heißt: Klänge, Melodien und Texte in Bewegung umsetzen, weiterentwickeln und zu einem späteren Zeitpunkt wieder abrufen können.

Musikalische Erlebnisse unterstützen die Persönlichkeitsbildung des Kindes und stärken sein Selbstbewusstsein. Frühe musikalische Impulse, die dem Kind viel Freiraum für Klangexperimente, für Kreativität und für das Erfinden und Entdecken neuer Lernwege lassen, geben ihm Mut und Selbstvertrauen und stärken dadurch seine Kompetenzen.

Die Erzieherin hat die Aufgabe, dem Kind vielfältige musikalisch anregende Impulse zu geben, mit denen es seine Neugierde, Lernfreude und Ausdauer stärken kann. Durch die rhythmisch-musikalischen Impulse, bei denen es zum Experimentieren eingeladen wird, entdeckt es die Freude am Mitmachen. Beim Summen, Brummen, Singen und Sprechen erlebt es seine Stimmvielfalt und seine stimmlichen Ausdruckfähigkeiten.
Frühe musikalische Erfahrungen, bei denen sich das Kind aktiv mit Geräuschen, Tönen, Klängen, Takt, Rhythmus und Melodie auseinandersetzt, festigen und stärken die Freude an musikalischen Erlebnissen. Dabei steht nicht das Ergebnis im Vordergrund, sondern die Freude am gemeinsamen Erleben. Kleinkinder sind offen für das vielseitige, musikalische Erfahrungsfeld und entwickeln schnell Freude und große Begeisterung an der Musik. Dies ist ein wichtiges Ziel der rhythmisch-musikalischen Erziehung im Elementarbereich.

4.1 Sprechverse

Der Elefant Emanuel

Material: Stoffelefant, Abdecktuch, für jedes Kind ein Hocker
In der Mitte liegt der Stoffelefant unter einem Tuch versteckt. Die Erzieherin beschreibt einen Elefanten oder stellt ihn pantomimisch dar und die Kinder müssen ihn erraten. Anschließend dürfen die Kinder das Tuch entfernen und selbst zu Elefanten werden. Die Erzieherin begleitet mit abwechselnder Stimmlage die Kinder mit folgendem Vers. Abschließend legen die Kinder ihren Hocker hin und trommeln auf der Sitzfläche, während der Vers erneut gesprochen wird.

Der Elefant Emanuel
läuft durch den Zoo heut ganz ganz schnell.
Man hört ihn leise gehen, *Leise sprechen.*
er bleibt dann auch mal stehen.

Er läuft mal langsam und mal schnell,
bleibt stehen und stampft auf der Stell.
Sein Törö hört man sehr laut, *Laut sprechen.*
wenn er um die Ecke schaut.

Er läuft zurück ins warme Haus
und ruht sich vom Spaziergang aus.
Törö schallt es leis heraus *Leise sprechen.*
aus dem großen Haus.

Erweiterungen
Körperwahrnehmungsspiel: Mit den Händen wird das Lied auf dem Rücken des Kindes spürbar.
Spurenspiel: Die Kinder machen mit ihren Füßen und Händen mit unterschiedlichen Materialien wie Rasierschaum, Fingerfarbe oder Matscherde dem Text entsprechend Spuren auf ein Papier.
Stopptanz: Von Marschmusik begleitet, machen die Kinder einen Elefantentanz. Stoppt die Musik, dann bleiben die Elefanten stehen, spielt die Musik weiter, dürfen die Kinder weiterlaufen.

Komm schau dir meine Hände an

Material: für jedes Kind ein Hocker

Die Erzieherin versteckt ihre Hände hinter dem Rücken. Sie sagt einen Zauberspruch: „Hokus, pokus 1, 2, 3, meine Hände kommen herbei." Dann holt sie die Hände hinter dem Rücken hervor und macht mit ihnen verschiedene Bewegungen. Sie lädt die Kinder auch zu diesem Spiel ein. Die Kinder verstecken ihre Hände hinter dem Rücken und sprechen gemeinsam mit der Erzieherin den Spruch. Anschließend holen alle ihre Hände hervor und bewegen sie.
Nun ruhen sich die Hände auf den Oberschenkeln aus und die Erzieherin spricht laut und dynamisch den Vers. Danach machen die Kinder mit.

Komm, schau dir meine Hände an,	*Beide Hände schnell bewegen.*
wie laut ich damit klatschen kann.	*Laut zu klatschen beginnen.*
Ich klatsche immerfort, hier und da und dort,	
ich klatsche immerzu,	
jetzt leg ich sie zur Ruh.	*Beide Hände auf die Oberschenkel legen.*
Komm, schau dir meine Hände an,	*Beide Hände langsam bewegen.*
wie leis ich damit klatschen kann.	*Leise zu klatschen beginnen.*
Ich klatsche immerfort, hier und da und dort,	
ich klatsche immerzu,	
jetzt leg ich sie zur Ruh.	*Beide Hände auf die Oberschenkel legen.*

Variation

Es werden andere Bewegungsarten (z. B. Klopfen) und anschließend weitere Stellen (z. B. Wand, Fußboden etc.) gesucht. So nehmen die Kinder immer andere Geräusche wahr und können dabei ihre akustische Differenzierung trainieren und mit ihren Händen experimentieren.

Erweiterungen

Körperwahrnehmungsspiel: Die Kinder gehen zu zweit zusammen. Ein Kind liegt auf dem Bauch und das andere spielt den Text auf dem Rücken des liegenden Kindes. Anschließend wechseln sie die Rollen.
Spurenspiel: Die Kinder machen mit ihren Füßen und Händen mit unterschiedlichen Materialien wie Rasierschaum, Fingerfarbe oder Matscherde entsprechend dem Text Spuren auf ein Papier.
Fußspiel: Aus dem Fingerspiel wird ein Fußspiel. Der Text muss hierfür an wenigen Stellen verändert werden (z. B. Komm schau dir meine Füße an, wie laut ich damit stampfen kann etc.).

Das Fingerspieltheater: In ein weißes Betttuch schneidet die Erzieherin mehrere faustgroße Löcher und hängt dieses als Leinwand auf. Anschließend lädt sie die Kinder hinter das Tuch ein. Sie können ihre Hände durch die Löcher stecken und es entsteht ein lustiges Händeversteckspiel („Wem gehört welche Hand?").
Danach geht die Erzieherin alleine hinter das Tuch und steckt ihre Hände durch zwei Löcher. Sie spricht den Vers und bewegt dazu ihre Hände. Bei der letzten Zeile zieht sie die Hände aus den Löchern. Nun können einige Kinder ihre Hände durch die Löcher stecken und den Vers spielen.

Knister, knaster, knäuschen

Material: Weidenkorb, Butterbrotpapier, Alufolie, für jedes Kind ein Hocker

In einem Weidenkorb liegt eine Auswahl an Knisterpapier. Die Kinder experimentieren mit dem Papier und die Erzieherin spricht dazu folgenden Vers. In der Wiederholung kann der Vers durch lautes und leises Sprechen eine besondere Dynamik bekommen.

Knister, knaster, knäuschen,
im Haus, da ist ein Mäuschen.
Knister, knaster, knaus,
es kommt ganz schnell heraus.

Knister, knaster, knäuschen,
im Haus sind viele Mäuschen.
Knister, knaster, knaus,
sie kommen schnell heraus.

Die Mäuse laufen hin und her,
es knistert laut, es knistert sehr.
Die Mäuse ruhn sich aus,
und laufen dann ins Haus.

Variation

Eine Hälfte der Kinder bewegen sich als Mäuse durch den Raum und die andere Hälfte knistert mit den Materialien. Anschließend wechseln die Gruppen.

Die Biene Summm

Material: Honig, ein Bienenbild, Blätter vom Baum, für jedes Kind ein Hocker

Die Erzieherin deckt ein Bienenbild mit Blättern zu. Die Kinder pusten sie fort und entdecken das Bienenbild. Dann fliegen die Kinder als Bienen durch den Raum und summen dabei. Anschließend dürfen sie den Finger in den Honig tauchen und ihn probieren.
Nun lädt die Erzieherin die Kinder zu einer kleinen Bienengeschichte ein. Sie spricht den Text und die Kinder fliegen durch den Raum. Danach setzen sie sich hin und ruhen sich aus. Jetzt sprechen alle den Vers gemeinsam und klatschen dabei auf ihre Oberschenkel.

Die Biene Summm fliegt mit Gebraus,
so schnell sie kann aus ihrem Haus.
Sie sucht heut nach süßen Sachen,
die sie satt und glücklich machen.
Die Biene Summm fliegt mit Gebraus,
dann ganz, ganz schnell wieder nach Haus.

Erweiterungen

Summkonzert: Die Erzieherin ist der Dirigent und die Kinder sind die Bienen. Hebt die Erzieherin den Arm, dann summen die Kinder laut. Senkt sie ihn, dann summen die Kinder leise.
Bewegungsspiel: Zwei Kinder spielen das Bienenhaus, ein Kind spielt den Baum, ein Kind die Blume. Die anderen Kinder sind Bienen und fliegen um das Haus, den Baum und die Blume herum. Sie fliegen durch den Raum und summen und die Erzieherin begleitet ihren Flug mit dem Lied.
Bienentanz: Die Kinder bekommen gelbe Servietten in die Hand und erfinden nach klassischer Musik einen Bienentanz. Die Erzieherin unterstützt diesen mit ihren eigenen Bewegungen.
Stopptanz: Aus dem Bienentanz wird ein Stopptanz. Hört die Musik auf, dann bleiben die Bienen stehen oder gehen in die Hocke. Spielt die Musik, so tanzen sie weiter.
Bewegungslied: Alle Kinder fliegen als Bienen nach der Melodie von *Ein Vogel wollte Hochzeit machen* durch den Raum, während das Lied gesungen wird.

Die Biene Summ, die Biene Summ, die fliegt schnell
um ihr Haus herum.
Sie macht summ, summ, summ, sie macht summ,
summ, summ, sie macht summ, summ, summ,
summ, summ.

Die Biene Summ, die Biene Summ, die fliegt schnell
um den Baum herum.
Sie macht summ, summ, summ, sie macht summ,
summ, summ, sie macht summ, summ, summ,
summ, summ.

Die Biene Summ, die Biene Summ, die fliegt schnell
um die Blume rum.
Sie macht summ, summ, summ, sie macht summ,
summ, summ, sie macht summ, summ, summ,
summ, summ.

Die Biene Summ, die fliegt nach Haus und ruht sich
dort ganz lange aus.
Sie macht summ, summ, summ, sie macht summ,
summ, summ und jetzt, da ist sie stumm.

Horch, der Wind saust um die Ecken

Material: Fliegenklatsche, Föhn, Seiden- oder Baumwolltuch, für jedes Kind ein Hocker

Die Kinder sitzen auf dem Hocker und halten ihre Augen zu. Die Erzieherin wedelt ihnen mit der Fliegenklatsche Wind über Kopf, Hände und Gesicht. Danach machen alle Kinder Windgeräusche nach. Nun können die Kinder einen stürmischen Wind erleben. Die Erzieherin hält das Tuch in die Luft und lässt den Fön dagegenblasen. Die Kinder erleben, wie der Wind das Tuch bewegt. Dabei spricht sie die erste Strophe des Verses. Bei der zweiten Strophe hält sie den Fön in ihre Haare oder in die der Kinder. Bei der dritten Strophe stellt sie den Fön kleiner bzw. aus. Die Strophen können mehrmals wiederholt und mal laut und leise gesprochen werden.
Abschließend suchen die Kinder Dinge aus dem Raum, die der Wind (Föhn) bewegen kann.

Horch, der Wind saust um die Ecken,
kann sich in Bäumen gut verstecken.
Saust durch jede Fensterritze,
bewegt die Blätter und die Pfütze.

Horch, der Wind saust um die Ecken,
kann sich in Gräsern gut verstecken.
Saust durch Haare, Kleider, Jacken,
kann auch deine Mütze packen.

Horch, der Wind wird langsam leise,
vorbei ist seine Pustereise.
Still ist es an jedem Ort,
der Wind, er ist schon ganz weit fort.

Erweiterungen

Stimmspiel: Die Kinder säuseln wie der Wind. Dabei können sie laut, leise, kurz, lang, langsam und schnell säuseln. Die Kinder können vor einem Spiegel ihre Mundbewegungen gut beobachten.

Pusteexperimente: Die Kinder bekommen einen Korb mit unterschiedlichen Gegenständen (z. B. Watte, Blatt Papier, unterschiedliche Stoffe, Taschentuch, Korken, Bauklotz, Spielzeugteile). Diese lassen sich unterschiedlich schwer vom Tisch pusten. Die Kinder legen einen Gegenstand nach dem anderen auf den Tisch und versuchen, in durch Anpusten zu bewegen.

Luftballonpusten: Die Kinder bekommen aufgeblasene Luftballons und versuchen, diese durch Anpusten durch den Raum zu bewegen. Unterschiedliche Hindernisse (z. B. Tisch, Stuhl, Krabbeltunnel, Kartons usw.) werden hierfür aufgestellt. Sollte das zu schwer sein, können die Kinder eine Fliegenklatsche nehmen und den Luftballon leicht anschlagen.

Rohrpusten: Die Kinder bekommen unterschiedliche Rohre (z. B. Toilettenrollen, Plastikrohre aus dem Turnbereich usw.) In das Rohr wird ein Tischtennisball gesteckt, der aus dem Rohr hinausgepustet werden soll.

Kreative Pustemalerei: Auf dickem Papier werden Wasserfarbkleckse gemacht. Mit dem Mund oder einem Strohhalm pusten die Kinder Spuren über das Blatt.

Piep, der Vogel

Material: ein Vogelbild, für jedes Kind zwei Teelöffel

Das Vogelbild lädt ein, Bewegungen und Geräusche der Vögel nachzumachen. Dabei spricht die Erzieherin folgenden Vers. Anschließend bekommen die Kinder jeweils zwei Teelöffel, mit denen sie bei dem Wort **Piep** ein Klangeräusch machen dürfen.

Piep, der Vogel, fliegt vom Baum,
er ist so klein, man sieht ihn kaum.

Piep singt ganz leis sein Vogellied,
die anderen Vögel singen mit.

Sie singen ganz, ganz leise
auf eine schöne Weise – **piep**.

Hör gut zu, wie schön es klingt,
wenn jeder Vogel singt – **piep**, **piep**.

Wollt ihr wissen

Wollt ihr wissen, wollt ihr wissen, was Elefanten gerne machen,
langsam gehen, langsam gehen und der Rüssel schwingt mit.
Wollt ihr wissen, wollt ihr wissen, was Elefanten gerne machen,
schneller gehen, schneller gehen und der Rüssel schwingt mit.
Wollt ihr wissen, wollt ihr wissen, was Elefanten gerne machen,
Pause machen, Pause machen und der Rüssel schwingt mit.

Erweiterung

Die Kinder gehen erneut durch den Raum, singen und spielen das Lied nach der Melodie von *Brüderchen, komm tanz mit mir.*

Elefant, komm tanz mit mir,	
meinen Rüssel zeig ich dir,	*Einen Arm bewegen.*
einmal hin, einmal her,	*Den Arm schwingen und*
rundherum das ist nicht schwer.	*sich einmal rundherum drehen.*
Ich sag dir Aufwiedersehn,	*Sich mit dem Arm winken.*
leider muss ich weitergehn,	
geh nach Haus, geh nach Haus,	
der Tanz mit dir ist leider aus.	

Der Trommelmann

Material: für jedes Kind ein Hocker, ein Eimer und zwei Stöcke

Die Kinder sitzen auf einem Hocker und spielen mit den Stöcken auf dem Eimer mal laut und mal leise den Vers vom Trommelmann.

Hör zu, ich bin der Trommelmann,
ich trommle nun so laut ich kann.
Ich trommle immerzu,
jetzt trommle ich im Nu.

Bumm, bumm, bumm, der Trommelmann geht um, — *Laut trommeln.*
bumm, bumm, bumm, der Trommelmann geht um.

Hör zu, ich bin der Trommelmann,
ich trommle nun so leis ich kann.
Ich trommle immerzu,
doch jetzt, da brauch ich Ruh.

Bumm, bumm, bumm, der Trommelmann geht um, — *Leise trommeln.*
bumm, bumm, bumm, der Trommelmann geht um.

Der Trommelmann geht jetzt nach Haus,
er ist nun müd und ruht sich aus. — *Die Hände an das Gesicht legen und die Augen schließen.*
Der Trommelmann legt sich zur Ruh
und macht seine Augen zu.

Variation
Der Trommelvers kann nach Möglichkeiten der Kinder verändert werden.

Mal laut, bumm, bumm, mal leis, bumm, bumm, mal laut, bumm, bumm, mal leis, bumm, bumm, der Trommelmann geht um.	*Laut und leise trommeln.*

Erweiterung
Die Kinder wählen unterschiedliche Schlagstöcke (z.B. Kochlöffel oder Rührbesen) um verschiedene Geräusche zu erzeugen.

Holler, boller

Material: Stroh oder ein Tuch, Spielpferd aus Holz oder Plastik, Schaukelpferd, für jedes Kind ein Hocker

Im Stroh oder unter einem Tuch ist ein Pferd versteckt. Die Kinder suchen das Pferd im Stroh oder nehmen das Tuch weg. Anschließend imitieren sie Pferdegeräusche und -bewegungen, während die Erzieherin den Vers spricht. Dann setzen sich die Kinder auf ihren Hocker und begleiten den Vers mit rhythmischen Schlägen auf die Oberschenkel. Die erste Strophe kann beliebig oft wiederholt werden. Soll dieser Vers beendet werden, wird die zweite Strophe gesprochen.
Zum Abschluss holt die Erzieherin ein Schaukelpferd und die Kinder dürfen nacheinander Platz nehmen und schaukeln. Dabei wird erneut der Vers gesprochen.

Holler, boller, hipp und hopp,
Pferdchen lauf nun im Galopp.
Holler, boller, ganz allein,
läuft es in den Stall hinein.
Ruht sich dort ganz lange aus
und läuft dann wieder hinaus.

Holler, boller, hipp und hopp,
Pferdchen lauf nun im Galopp.
Holler, boller, ganz allein,
läuft es in den Stall hinein.
Ruht sich dort ganz lange aus
und läuft nicht wieder hinaus.

Erweiterungen

Körperwahrnehmungsspiel: Mit den Händen wird das Lied auf dem Rücken des Kindes spürbar.

Spurenspiel: Die Kinder patschen, während sie den Vers mitsprechen, rhythmisch auf eine ausgebreitete Tapetenrolle mit Rasierschaum oder Farbe.

Bewegungsspiel: Die Kinder sind Pferdchen. Sie suchen sich im Raum einen Stall. Danach wird der Vers rhythmisch gesprochen und gespielt.

Verklanglichung: Die Kinder bekommen zwei Holzlöffel und schlagen mit Unterstützung der Erzieherin, den Sprechrhythmus des Verses mit.

Der große Bär

Material: Bär, Abdecktuch, für jedes Kind ein Hocker

In der Mitte liegt der Bär versteckt unter einem Tuch. Die Erzieherin ahmt typische Bärengeräusche und seine Bewegungen nach, bis die Kinder erraten, was sich unter dem Tuch befinden könnte. Anschließend wird das Tuch weggenommen und die Kinder verwandeln sich in einen Bären. Dabei spricht die Erzieherin den folgenden Vers. Die Kinder setzen sich und die Erzieherin wiederholt den Vers. Sie spricht ihn mal laut und mal leise. Die Kinder klopfen auf ihre Oberschenkel und sprechen mit der Erzieherin den Text. Zum Abschluss wird der Bär in das Tuch gelegt und in den Schlaf geschaukelt.

Der große Bär, der große Bär,
der geht heut allein daher.
Langsam läuft er durch den Wald,
sein Brummen laut erschallt.

Der große Bär, der große Bär,
der geht heut allein daher.
Schnell, so läuft er durch den Wald,
sein Brummen laut erschallt.

Der große Bär, der große Bär,
der geht heut allein daher.
Müde geht er nun nach Haus,
ruht sich von dem Spaziergang aus.

Erweiterungen

Körperwahrnehmungsspiel: Mit den Händen wird das Lied auf dem Rücken des Kindes spürbar.

Spurenspiel: Die Kinder machen mit unterschiedlichen Materialien wie Rasierschaum, Fingerfarbe oder Matscherde Bärenspuren auf ein Papier. Dieses Spiel kann mit der Trommel oder mit Marschmusik begleitet werden.

Instrumentenspiel: Die Kinder bekommen einen kleinen Plastikeimer und zwei Holzlöffel. Sie trommeln den Bärenschritt auf ihrer Trommel nach.

Bewegungsspiel: Die Kinder werden in Bären verwandelt und bewegen sich passend zum Text.

Rhythmusspiel: Die Kinder werden in Bären verwandelt und bewegen sich durch den Raum, während die Erzieherin die Trommel dazu schlägt. Die Kinder orientieren sich an dem Tempo, das die Erzieherin mit der Trommel vorgibt. Sobald sie aufhört, bleiben die Kinder stehen.

4.2 Geschichten

Große und kleine Freunde

Material: Zauberstab, ein großes blaues und ein großes grünes Tuch

Die Kinder setzen sich auf das grüne und das blaue Tuch. Die Kinder auf dem blauen Tuch werden in Frösche verwandelt und die die auf dem grünen Tuch in Mäuse, Schafe, Vögel und Kühe. Die Erzieherin nennt die einzelnen Tiere und die Kinder ahmen die Tiergeräusche nach. Anschließend erzählt sie die Geschichte, während die Kinder zu den markierten Stellen die passenden Tiergeräusche einsetzen.

Auf einer großen Wiese wohnen viele Tiere. Jeden Morgen treffen sich die **Mäuse**, die **Schafe**, und die **Vögel**, um gemeinsam unter einem großen Baum zu frühstücken. Die **Mäuse**, die **Schafe** und die **Vögel** sind gute Freunde, die nach dem Frühstück noch lange miteinander spielen. Die **Mäuse**, die **Schafe** und die **Vögel** sitzen oft an einem großen Teich, um ihren Freunden den **Fröschen** zuzuhören. Manchmal bekommen die **Mäuse**, die **Schafe** und die **Vögel** Besuch von den **Kühen**, die auf der anderen Wiese wohnen. Dann haben sich die **Mäuse**, die **Schafe**, die **Vögel** und die **Kühe** viel zu erzählen. Erst spät am Abend legen sich die **Mäuse**, die **Schafe**, die **Vögel** und die **Kühe** schlafen und es ist nun ganz still auf der großen Wiese.

Das Froschkonzert

Material: Zauberstab, großes blaues Tuch, für jedes Kind eine Grillzange

Aus dem blauen Tuch gestaltet die Erzieherin in der Kreismitte einen See. Die Kinder setzen sich in den See und werden in Frösche verwandelt. Sie bekommen eine Grillzange, die sie auf und zu machen und dadurch Klappergeräusche verursachen. Nachdem sie das Klappern geübt haben, wird die Geschichte vorgelesen und das laute und leise Klappern an den passenden Stellen eingesetzt.

In ihrem großen Teich neben der grünen Wiese machen die Frösche abends Froschmusik. Wenn es dunkel wird, quaken sie **laut** und **leise**, **laut** und wieder **leise** und noch einmal **ganz laut** und dann wieder **ganz leise**. Ihr Quaken ähnelt einer wunderschönen Musik. Diese Musik hören die Tiere, die hier auf der Wiese wohnen. Sie setzen sich dann an den Teich und hören der Musik zu. Die Frösche freuen sich über den Besuch und quaken immer wieder **laut** und **leise**, **laut** und **leise**, und noch einmal **ganz laut** und **ganz leise**. Danach sind alle Frösche müde und – schwupps – sind sie in dem Teich verschwunden.

Das Vogelkonzert

Material: Zauberstab, ein großes grünes und ein großes braunes Tuch, für jedes Kind zwei Klangstäbe oder Stöckchen

Aus den beiden Tüchern gestaltet die Erzieherin in der Kreismitte einen Baum. Die Kinder setzen sich in den Baum. Ein Zauberstab verwandelt die Kinder in Vögel. Sie bekommen zwei Stöckchen, mit denen sie das Zwitschern (beide Stöckchen zusammenschlagen) üben. Anschließend erzählt die Erzieherin die Geschichte und die Kinder spielen an den passenden Stellen auf den Stöckchen. Bei dem Wort **still** hebt die Erzieherin die Hand und die Kinder machen eine Spielpause.

Auf der großen grünen Wiese steht ein dicker Baum und darin wohnen die Vögel. Jeden Tag, wenn es draußen hell wird, wecken die Vögel mit ihrem Gesang die anderen Tiere. Die Vögel zwitschern ganz laut und dann sind sie **still**. Sie zwitschern wieder ganz laut und dann sind sie **still** und wieder zwitschern sie ganz laut und dann sind sie **still**. Immer wieder zwitschern die Vögel laut und sind dann **still** – laut und sind dann **still**. Erst als es hell wird, ist es ganz ruhig in dem großen Baum und die Tiere im Wald machen sich auf den Weg, um sich ihr Frühstück zu suchen.

Der Schmetterlingstanz

Material: Zauberstab, viele große bunte Pappkreise (Blumen), für jedes Kind zwei farbige Chiffontücher

Die Kinder bekommen in jede Hand ein Chiffontuch. Die Pappkreise werden im Raum verteilt. Die Kinder werden in Schmetterlinge verzaubert und bewegen sich **langsam** und **schnell**. Entsprechend dem Text setzen sie sich auf eine **Blume**.

Auf der Wiese an dem Froschteich wachsen viel bunte Blumen. Sie wiegen sich sanft im Wind und locken mit ihren Farben die Schmetterlinge an. Die kommen aus allen Richtungen und machen einen Schmetterlingstanz.
Sie fliegen mal **langsam**, mal **schnell**, mal **langsam**, mal **schnell** und setzen sich dann auf eine **Blume**, um sich auszuruhen. Dann fliegen sie wieder **langsam** und **schnell**, **langsam** und **schnell**, **langsam** und **schnell** und suchen sich eine andere **Blume**, um sich darauf auszuruhen. Nach einer Pause fliegen sie wieder **langsam** und **schnell**, **langsam** und **schnell**, **langsam** und **schnell**. Noch einmal suchen sie sich eine **Blume**, um sich auszuruhen. Nach einer kleinen Pause fliegen sie ganz **schnell** zu ihrem Lieblingsplatz.

4.3 Lieder

Ich stehe hier im Kreise

Nach der Melodie von *Ich bin ein Musikante.*

Ich stehe hier im Kreise, lad euch zum Gehen ein,
lasst uns gehen, langsam gehen.
Komm geh mit mir, komm geh mit mir und jetzt stehn alle still.
Komm geh mit mir, komm geh mit mir und jetzt stehn alle still.

Ich stehe hier im Kreise, lad euch zum Gehen ein,
lasst uns gehen, ganz schnell gehen.
Komm geh mit mir, komm geh mit mir und jetzt stehn alle still.
Komm geh mit mir, komm geh mit mir und jetzt stehn alle still.

Ich stehe hier im Kreise, lad euch zum Klatschen ein,
lasst uns klatschen, ganz leis klatschen.
Komm klatsch mit mir, komm klatsch mit mir und jetzt stehn alle still.
Komm klatsch mit mir, komm klatsch mit mir und jetzt stehn alle still.

Ich stehe hier im Kreise, lad euch zum Klatschen ein,
lasst uns klatschen, ganz laut klatschen.
Komm klatsch mit mir, komm klatsch mit mir und jetzt stehn alle still.
Komm klatsch mit mir, komm klatsch mit mir und jetzt stehn alle still.

Bunte Blätter

Nach der Melodie von *Taler, Taler du musst wandern.*

Bunte Blätter wolln sich drehen,
wollen gar nicht stille stehen.
Drehn sich langsam rundherum,
doch jetzt fallen alle um.

Bunte Blätter wolln sich drehen,
wollen gar nicht stille stehen.
Drehn sich ganz schnell rundherum,
doch jetzt fallen alle um.

Bunte Blätter wolln sich drehen,
wollen gar nicht stille stehen.
Drehn sich noch einmal, liegen still,
weil jedes Blatt nun ruhen will.

Ich singe jetzt ganz leis

Die einzelnen Strophen werden dem Text entsprechend leise oder laut nach der Melodie von *Ein Schneider fing 'ne Maus* gesungen und gespielt.

Ich singe jetzt ganz leis, ich singe jetzt ganz leis,
ich singe leis und klatsch dazu, doch meine Hände brauchen Ruh,
ich singe jetzt ganz leis.

Ich singe jetzt ganz laut, ich singe jetzt ganz laut,
ich singe laut und klatsch dazu, doch meine Hände brauchen Ruh,
ich singe jetzt ganz laut.

Ich singe jetzt ganz leis, ich singe jetzt ganz leis,
ich singe leis und stampf dazu, doch meine Füße brauchen Ruh,
ich singe jetzt ganz leis.

Ich singe jetzt ganz laut, ich singe jetzt ganz laut,
ich singe laut und stampf dazu, doch meine Füße brauchen Ruh,
ich singe jetzt ganz laut.

Ich singe jetzt ganz leis, ich singe jetzt ganz leis,
ich singe leis und klatsch dazu, doch meine Hände brauchen Ruh,
ich singe jetzt ganz leis.

Schaut alle Kinder

Die Kinder stehen im Kreis und klatschen, stampfen oder tanzen zu der Melodie von *Hänsel und Gretel* mit.

Schaut, alle Kinder, die stehen hier im Kreis,
schaut, alle Kinder, die klatschen nun ganz leis.
Sie klatschen und sie klatschen, doch jetzt sind sie ganz still,
weil jedes Kind nun ein wenig ruhen will.

Schaut, alle Kinder, die stehen hier im Kreis,
schaut, alle Kinder, die stampfen jetzt ganz leis.
Sie stampfen und sie stampfen, doch jetzt sind sie ganz still,
weil jedes Kind nun ein wenig ruhen will.

Schaut, alle Kinder, die stehen hier im Kreis,
schaut, alle Kinder, die tanzen nun ganz leis.
Sie tanzen und sie tanzen, doch jetzt sind sie ganz still,
weil jedes Kind nun ein wenig ruhen will.

4.4 Musikprojekt: Regenreise

Sprechvers: Tropfenreise

Material: Pipette mit Wasser, Strohhalme

Die Erzieherin zeigt den Kindern die Pipette und sagt, dass sie damit Regentropfen ins Zimmer holen kann. Sie lässt die Kinder die Regentropfen spüren, indem sie jedem Kind einen Tropfen Wasser auf ein Körperteil (z.B. Arme, Hände, Gesicht usw.) tropft. Währenddessen spricht die Erzieherin den Vers. Anschließend verreiben die Kinder die Regentropfen auf ihrer Haut. Nun wird der Vers erneut gemeinsam gesprochen und die Kinder machen dabei mit ihren Fingern die Tropfen auf ihrem Körper nach.

Leise, leise, leise
machen Tropfen eine Reise.
Sie machen nass den Kopf, den Bauch,
nass werden beide Hände auch.

Sie machen nass auch meinen Po
und die Füße ebenso.
Von Kopf bis Fuß bin ich klitschnass,
ich schüttle mich, das macht viel Spaß. *Sich kräftig schütteln.*

Erweiterungen

Körperwahrnehmungsspiel: Mit den Händen wird der Text auf dem Rücken des Kindes spürbar.
Spurenspiel: Die Kinder machen mit Fingerfarbe dem Text entsprechend Spuren auf ein Papier und lassen ihre Finger nach beliebiger Musik darauf hüpfen.
Klangspiel: Die Kinder bekommen Glöckchen oder Rasseln und können den Vers damit im Rhythmus begleiten.

Bewegungsvers: Die Tropfen hüpfen hin und her

Die Kinder bewegen sich als Tropfen entsprechend dem Vers. Während die Erzieherin den Text vorliest, dürfen sich die Kinder frei im Raum bewegen.

Die Tropfen hüpfen hin und her, dieses Spiel ist gar nicht schwer. Sie hüpfen auf und ab und werden niemals schlapp. Sie hüpfen rundherum, ganz leis fallen sie um.	*Sich auf den Boden legen.*

Erweiterung

Die Kinder hüpfen als Tropfen nach einer beliebigen Musik. Stoppt die Musik, ruhen sich die Tropfen aus. Spielt die Musik weiter, dürfen die Tropfen wieder umherhüpfen.

Regenlied: Dunkle Wolken sind am Himmel

Die Kinder stehen im Raum verteilt und ahmen nach der Melodie von *Wenn ich morgens früh aufstehe* die Bewegungen nach, die die Erzieherin vorgibt.

Dunkle Wolken sind am Himmel,	*Beide Hände über den Kopf halten.*
was ist das für ein Gewimmel,	*Durch den Raum gehen.*
plötzlich spür ich hier und da, kühlen Regen wunderbar.	*Mit dem Zeigefinger unterschiedliche Stellen am Körper berühren.*
Die Tropfen springen alle munter, an mir rauf und wieder runter, machen mich ganz pitschennass,	*Mit den Fingern von der Schulter aus den Arm hinunterkrabbeln.*
Pfützenspringen, das macht Spaß.	*Durch den Raum springen.*

Erweiterungen

Körperwahrnehmungsspiel: Mit den Händen wird der Text auf dem Rücken des Kindes spürbar.
Spurenspiel: Die Kinder machen mit Fingerfarbe dem Text entsprechend Spuren auf ein Papier und lassen ihre Finger nach beliebiger Musik darauf springen.
Klangspiel: Die Kinder bekommen Glöckchen oder Rasseln und können den Vers damit im Rhythmus begleiten.